Abdellatif Laâbi est né en 1942, à Fès. Son opposition intellectuelle au régime lui vaut d'être emprisonné pendant huit ans. Libéré en 1980, il s'exile en France en 1985. Son vécu est la source première d'une œuvre plurielle (poésie, roman, théâtre, essai) sise au confluent des cultures, ancrée dans un humanisme de combat, pétrie d'humour et de tendresse. En 2009, il a obtenu le prix Goncourt de la Poésie.

Abdellatif Laâbi

LE LIVRE IMPRÉVU

RÉCIT

Éditions de La Différence

TEXTE INTÉGRAL

ISBN 978-2-7578-6697-9

© SNELA La Différence, 2010

Le Code de la propriété intellectuelle interdit les copies ou reproductions destinées à une utilisation collective. Toute représentation ou reproduction intégrale ou partielle faite par quelque procédé que ce soit, sans le consentement de l'auteur ou de ses ayants cause, est illicite et constitue une contrefaçon sanctionnée par les articles L. 335-2 et suivants du Code de la propriété intellectuelle.

*Aux petits-enfants
Nassim, Nina,
et la toute dernière
May*

Journal

20 octobre 2007

Le seul journal dit intime qu'il m'est arrivé de tenir jusqu'à maintenant remonte à l'adolescence. Trois, quatre mois tout au plus pendant lesquels j'avais noté par le menu ce que je croyais être des événements dans mon train-train quotidien à Fès : quelques sourires furtifs échangés de loin avec une jeune fille qui me faisait battre le cœur d'un amour désespérément platonique, et muet de surcroît. Les confidences échangées avec au moins deux de mes camarades de classe brûlant du même feu que moi pour cette jouvencelle, aveux fervents, sans détour, où, chose étrange, l'idée d'une concurrence entre nous était absente. La découverte d'un livre dont je ne me rappelle plus que le titre : *Apprendre à mourir*, où l'auteur, à ma grande stupéfaction, remettait en cause les fondements de la croyance religieuse et classait parmi les contes de fées l'existence d'un dieu créateur. Les encouragements appuyés que me prodiguait tel enseignant au collège Moulay Idriss, ou les signes d'une disgrâce subite aux yeux de tel autre. Les psychodrames à répétition auxquels j'assistais à la maison, avec ma mère tenant toujours le premier rôle, jamais à court d'un argument de discorde et de la mise en scène appropriée. Mon apprentissage purement théorique, dans un manuel déniché chez un bouquiniste, des danses en vogue à l'époque : fox-trot, boogie-woogie, cha-cha-cha et mambo, et ce sans support musical ni charnel (je n'avais à ma disposition ni électrophone ni disques, encore moins de cavalière pour m'exercer). Mon premier poème, un sonnet aux alexandrins bancals écrit sur un coucher de soleil dans la veine des parnassiens. Et, pour finir, mes considérations hautement philosophiques comme il est de rigueur à cet âge sur le qui suis-je, le pourquoi de la vie et le pourquoi de la mort. Trilogie infernale, pas si oiseuse que cela quand on y repense sur le tard.

Ma mémoire a dû faire l'impasse sur les circonstances dans lesquelles j'ai perdu le carnet à couverture bleue, probablement un vieil agenda de récupération où j'avais consigné avec une belle assurance cette matière. Tous mes stratagèmes de limier dans le dédale de mes souvenirs pour en retrouver la trace se sont avérés vains jusqu'à ce jour.

Plus de cinquante ans après, me voilà en train de renouer avec l'exercice. Une idée saugrenue de prime abord au vu des projets d'écriture « sérieux » que j'ai en tête ces derniers temps.

– Une suite au récit *Le Fond de la jarre* qu'on ne cesse de me réclamer et pour laquelle je n'ai pas encore trouvé « l'angle d'attaque », ainsi que je me plais à le dire chaque fois que je suis en panne sèche et que je tourne en rond comme une âme en peine alors que ma dernière parution date de quelques semaines, quelques mois au pire.

– Une autre suite à donner à ma trilogie théâtrale restée orpheline depuis un bail, où « l'Arabe errant » encore plus malmené physiquement et moralement depuis la guerre du Golfe et l'apocalypse irakienne reprendrait ses tribulations de rêveur en une humanité et des jours meilleurs.

– Des mémoires en bonne et due forme où j'avouerais, à l'instar du cher Pablo Neruda, que moi aussi « j'ai vécu » avant qu'il ne soit trop tard et parce que l'on ne rajeunit pas, comme dirait le pessimiste de service.

Mais bon, laissons l'imprévu cheminer à sa guise. L'écriture n'est pas un animal domestique que nous pouvons d'un claquement de doigts faire se coucher à nos pieds. Au contraire, souvent c'est sous la forme d'un dompteur qu'elle se dresse devant nous en zébrant l'air de son fouet. Et alors, insoumis ou pas, l'écrivain n'a d'autre solution que de se mettre à courir à l'intérieur du cercle de feu où les acrobaties qu'on exige de lui deviendront de plus en plus périlleuses, sa seule consolation étant de sentir au plus profond que s'il accepte ces contraintes peut-être s'ouvrira pour lui le chemin d'une liberté qu'il n'a pas encore goûtée.

22 octobre

Hier, j'ai regardé à la télévision, faute de mieux, un de ces films catastrophe dont seuls les Américains ont le secret. Suite au réchauffement climatique, le dérèglement annoncé par des scientifiques lucides et peu écoutés finit par se produire. La banquise de l'Arctique fond, entraînant un véritable déluge. Et, au lieu de la surchauffe à laquelle se seraient attendus les profanes et autres naïfs peu versés dans la science, c'est finalement à un refroidissement polaire qu'on assiste, faisant régner en quelques jours sur l'hémisphère nord une nouvelle ère glaciaire. Les populations fuient vers le sud. Les foules américaines franchissent « illégalement » la frontière mexicaine et s'entassent, ô revers de fortune, dans d'immenses camps de réfugiés !

Au-delà de la rhétorique habituelle propre à ce genre de film, j'ai été, bon public que je suis, impressionné par la capacité qu'a l'art cinématographique de concentrer une idée et de la rendre palpable pour un nombre inestimable de gens. Et je me suis dit que la littérature, malgré ses trois mille ans d'exercice, la variété infinie des moyens qu'elle a déployés pour accéder au plus intime de l'âme humaine, n'est pas en mesure d'atteindre à cette efficacité.

En eus-je l'intuition quand, ayant décroché le bac, j'avais postulé pour une bourse d'études cinématographiques ? J'avais en vue l'Idhec à Paris et me voyais déjà quelques années plus tard derrière la caméra, foulant une terre vierge en matière d'images, captant des paysages humains que seul l'œil étranger avait effleurés avant moi, bref, faisant œuvre inaugurale et restituant enfin la parole aux miens, cette parole confisquée tout au long de la période coloniale.

La demande de bourse me fut hélas refusée, et j'ai été obligé de me rabattre sur des études plus classiques, débouchant à brève échéance sur l'emploi, le métier d'enseignant en l'occurrence. Mais, même là, alors que je penchais pour la philosophie, c'est dans la filière des lettres qu'on m'inscrivit d'office sous prétexte qu'elle manquait d'effectifs. Nous étions au début des années soixante, et l'Université de Rabat démarrait à peine.

Voilà dans quelles circonstances j'ai commencé à écrire pour de bon.

À m'être ainsi dévoilé, je ne dois pas me plaindre si un jour quelqu'un s'avise de me coincer avec une question du genre : Le déclic de l'écriture a-t-il été au départ lié chez vous à la frustration ?

23 octobre

Je reviens au film d'avant-hier.

À quoi sert de pousser des portes largement ouvertes ? L'alerte écologique est aujourd'hui enfin audible. Je m'en réjouis, étant convaincu qu'elle est salutaire. Ma réflexion s'oriente plutôt vers un aspect du problème qui n'est pour ainsi dire pas abordé car il interroge plus particulièrement la littérature, au même titre que les autres œuvres de l'esprit.

Comment, alors, ne pas avouer l'irruption dans le cours de ma quête personnelle d'une angoisse inédite ? Jusqu'à une date récente, tout ce que j'ai écrit en partant de mon expérience de vie et de ce que je percevais des réalités de la condition humaine s'articulait autour d'une croyance que j'avais en commun avec la plupart des écrivains de tous les pays et de toutes les époques. Je présupposais avec mes prédécesseurs et mes contemporains la pérennité de l'aventure de l'esprit, liée, cela va de soi, à une autre pérennité admise, celle de la vie sur terre. Une telle confiance n'a jamais été ébranlée, a fortiori abandonnée, fût-ce au plus sombre des épreuves que l'humanité a traversées.

Or qu'en est-il aujourd'hui de cette croyance ? Peut-elle être reconduite telle quelle quand la base sur laquelle elle repose est en passe de vaciller ? Sans verser dans l'alarmisme, la question abrupte que nous sommes amenés à nous poser, de gré ou de force, est terrifiante dans sa simplicité : y a-t-il encore un avenir pour l'espèce humaine sur terre ? Le scénario catastrophe semble en tout cas ne plus relever de la science-fiction. Ses prémices sont là, mesurables, et la seule inconnue réside dans l'échéance qui nous sépare de son accomplissement. À moins, bien sûr, d'une révolution radicale qu'entreprendrait l'humanité dans son ensemble pour enrayer l'engrenage, en espérant que l'irréversible ne s'est pas déjà produit.

Pour ma part, et quoi qu'il en soit, c'est avec cette angoisse chevillée au corps et à l'esprit que je suis obligé d'écrire ces dernières années. Les combats que j'ai faits miens dans le passé n'auront pas cessé pour autant, mais c'est tout de même dans un tournant que je me trouve à la fois engagé et pris au piège. Dès lors, l'écrire pour qui, pourquoi, comment, va se poser différemment.

Écrire pour sauvegarder la mémoire de l'aventure humaine et, qui sait dans combien de temps, témoigner peut-être de ses dernières convulsions, sera-ce là l'ultime tâche de la littérature ?

D'autres écrivains partagent-ils le même ressenti face à ce chambardement, ou suis-je seul à paniquer dans mon coin et sombrer dans le délire ?

25 octobre

Me suis-je vraiment changé les idées au cours du voyage éclair que j'ai effectué hier au Luxembourg ? Pourtant mes hôtes ont été prévenants et d'une urbanité qui se fait rare.

À l'instigation du poète Jean Portante, l'équipe de l'hebdomadaire *Le Jeudi* m'avait invité à donner une conférence sur le thème « Désirs d'Europe ». Démarche on ne peut plus originale que celle de solliciter ainsi un regard extra-européen et de s'adresser pour ce faire à un poète plutôt qu'à l'un de ces experts ou de ces ténors politiques qui monopolisent sur de tels sujets la parole.

L'écoute était belle et l'échange ayant suivi l'exposé a été, comment dire, raisonné, exempt des sautes d'humeur qu'il m'arrive d'affronter lors de mes rencontres avec le public de l'autre côté de la Méditerranée, au Maroc plus particulièrement. Et moi qui suis étiqueté comme excessif, j'avoue m'être délecté de l'absence de tension au cours du débat, et même de ce caractère lisse des idées exprimées par mes interlocuteurs. Le respect du point de vue de l'autre semblait avoir pour eux autant d'importance que la défense de leur propre opinion. L'altérité était considérée non pas comme une curiosité, mais comme un pôle de référence, indispensable à l'avancée de la réflexion sur soi.

Il fallait venir ici pour se rendre compte qu'on peut pratiquer, au naturel, une éthique du dialogue.

Après le dîner dans un restaurant italien où Jean, aux racines multiples, avait ses habitudes, j'ai regagné, sans prolongations festives, la chambre qu'on m'avait retenue à l'abbaye de Neumünster. Clin d'œil facétieux de la part de mes hôtes ou difficulté rencontrée à me loger dans un hôtel du centre-ville, toujours est-il que je me suis retrouvé dans les locaux de l'ancienne prison jouxtant l'abbaye, transformée, elle, en centre culturel.

De l'entrée imposante de la bâtisse jusqu'à la cellule réservée à mon intention en passant par les couloirs et les escaliers y conduisant, mes pas ont reproduit spontanément une mécanique particulière dont je croyais, après tant d'années, m'être déshabitué : une façon de poser précautionneusement le pied sur le sol puis, en le soulevant, de le secouer en une fraction de seconde pour se débarrasser de la sensation qu'on a d'un vide entre la plante du pied et la semelle de la chaussure, comme si cette dernière s'était ratatinée entre les deux mouvements au point de devenir une coquille vide. La tendance, face à ce phénomène, à faire glisser la chaussure sur le sol pour tempérer l'espèce d'apesanteur que l'on ressentira en soulevant de nouveau le pied...

Stop ! me suis-je dit en courant presque vers la chambre. Arrêtons cette antienne ! Avec ma carte magnétique, j'ai ouvert la porte pour découvrir un studio très peu spartiate : un côté cuisine avec plaque chauffante, Frigidaire et vaisselle, une salle de bains étincelante de propreté, un espace repos et travail avec un lit disposé au centre, sans appuie-tête mais d'un agréable confort, un bureau de ministre adhérant à une bibliothèque où des livres et des magazines étaient rangés et, plus conventionnel, une télé suspendue à bonne hauteur comme dans n'importe quelle chambre d'hôtel.

Je suis resté debout, hébété au milieu de ce décor qu'une fée bienveillante avait aménagé on dirait à mon intention pour me dédommager de vieilles souffrances. Gagné par la fatigue, j'ai fini par m'allonger puis j'ai ouvert un livre et commencé à en tourner les pages. Mon esprit s'engourdissait. Ayant éteint, j'ai scruté la pénombre en sachant combien elle contracte le temps et les distances. Mes yeux ont fini par distinguer ceux de mon lointain sosie, du temps où il était derrière les barreaux. Eux aussi scrutaient la pénombre. Le sommeil n'a pas tardé à m'envahir.

29 octobre

Quelques jours de silence que je me suis imposés.

Ai-je vécu, réellement vécu ? Oui et non. Faute de me baigner dans le fleuve de vie, je lui ai prêté l'oreille. Son chuintement s'est fait plus fort dans ma tête alors que le reste du corps semblait être détaché et continuait à exécuter ses mouvements habituels. Cet exercice d'écoute me tient souvent lieu de gymnastique intellectuelle. J'apprends peu à peu à lire dans le bruit du fleuve. Il y a l'apparent des signes et ce qui ne se lit qu'entre les lignes. Ce que je recherche ? Qu'en sais-je, en dehors de l'intuition tenace comme quoi je suis inclus dans ce flux et ce reflux incessants et que ma voix, infinitésimale s'il en est, participe de cette clameur ?

Présomption de ma part ? Et alors ? Le fait d'être vivant ne me suffit pas. J'ai besoin de savoir si j'alimente de quelque façon que ce soit la vie, et en quoi. Sinon, à quoi bon m'agiter, m'égosiller, accepter de recevoir des coups et finir par m'imposer le silence quand la déception est trop grande et que l'élan vital s'englue dans le bourbier d'une réalité à vomir ?

J'arrive à un âge où les questions que l'on se posait auparavant pour ouvrir des pistes de réflexion ou se lancer des défis nécessitent désormais ne serait-ce qu'un début de réponse. Certaines boucles doivent être bouclées avant d'affronter l'ultime interrogation, celle à laquelle on répondra ou non avant le dernier souffle. Mais peut-être que je m'avance un peu trop. La sérénité qu'exige un tel aboutissement n'est pas encore au rendez-vous. Et je le vois à une chose simple : les besoins de l'esprit sont loin de surpasser en moi les besoins du corps. La bataille pour la suprématie fait toujours rage. J'ai même l'impression que, si d'aventure je parvenais à tracer une ligne de démarcation entre eux, je risquerais de détraquer tout bonnement cette fois-ci le ressort de l'écriture. Devant pareille éventualité, je me dis qu'il ne faut pas pousser le bouchon trop loin et veiller plutôt à l'équilibre entre la quête effrénée des réponses et le souci de ne pas déchirer malencontreusement le voile fécond du mystère.

Voilà, je ne suis pas plus avancé. Au lieu de suivre la ligne droite, ma pensée a tendance à m'entraîner dans un mouvement en spirale, configuration caractéristique paraît-il de la pensée orientale. Soit !

Je quitte la spirale pour regarder autour de moi. L'arbre que je vois de ma fenêtre m'offre son jaune flamboyant, plus précieux que l'or. Les feuilles vertes qu'il a gardées par coquetterie font une frange à la robe seyante de sa frondaison. Le ciel au-dessus de l'arbre est en attente. Privé de son bleu, il guette un rayon secourable, le surgissement d'une escadrille d'oiseaux rompus aux acrobaties aériennes. Pas un souffle de vent.

Dans l'air, la paix est palpable.

1er novembre

Au Maroc, je n'aurais pas relevé que ce premier du mois correspondait à la Toussaint. Mais ici, on vous le rappelle. Ne serait-ce que pour vingt-quatre heures, la France se remémore qu'elle est bien fille de l'Église, même si, s'agissant de l'un de ses mythes fondateurs, elle balance entre Clovis et Vercingétorix comme vient de le souligner un historien versé en la matière.

Au-delà de ces considérations, ce qui est intéressant c'est la réflexion qu'une telle commémoration peut susciter sur la mort, et par voie de conséquence sur la croyance religieuse ou la non-croyance.

À suivre le déroulement des débats sur pareils sujets et en imaginant ce qu'il en serait s'ils se passaient en terre d'islam, je me sens vraiment sur une autre planète ou dans la peau de l'un de ces « Visiteurs » transportés par magie dans une autre époque.

Il est donc possible, que dis-je normal et presque banal, d'avoir des convictions diamétralement opposées et d'argumenter publiquement et dans la plus totale liberté en leur faveur. Il est possible que la critique, quelque radicale qu'elle soit du point de vue adverse, n'affranchisse pas du respect qu'on doit à l'interlocuteur et qu'elle ne conduise pas à considérer ce dernier comme un ennemi et un monstre dès que l'effort de persuasion qu'on a tenté en sa direction se révèle infructueux. Il est possible enfin que, la discussion ayant pris fin, chacun aille son chemin et retourne à ses occupations en toute quiétude car personne n'aura l'idée de le désigner à la vindicte populaire à cause des dogmes qu'il a défendus ou des hérésies qu'il a proférées. Le ciel ne se sera pas écroulé et la terre n'aura pas été précipitée dans l'abîme mais, dans la tête des gens, peut-être qu'un rayon de lumière neuf se sera fait son chemin, augurant une effervescence créatrice de la pensée. Il est possible…

Oui, rêvons. Cela fait du bien et surtout n'empêche pas d'agir en faveur d'un monde où la liberté de croyance serait la règle et non l'exception. Mais combien de batailles faudra-t-il livrer pour s'en rapprocher, et sur combien de générations ? Des batailles, cruelle liberté, encore et toujours !

6 novembre

Bientôt, je serai à Alger pour participer au Salon international du livre. Ma dernière visite en Algérie remonte à 1991 je crois. L'un des souvenirs émus que j'en garde est l'ultime rencontre que j'ai eue avec Tahar Djaoût, moins de deux ans avant son assassinat, en juin 1993. De quoi avons-nous parlé ? Sans doute des turbulences que le pays était en train de traverser, des périls qui se profilaient à l'horizon, mais aussi, comme chaque fois que nous nous retrouvions (en France le plus souvent), de nos publications récentes, celles à venir, et de littérature en général.

J'ai encore au creux de l'oreille la voix aux intonations douces de Tahar, articulée dans une langue raffinée conférant aux idées exprimées une vraie élégance intellectuelle. Et cela avait pour effet de tempérer ce trait d'austérité que j'observais chez lui et qu'il avait en commun avec beaucoup de ses compatriotes. Plus tard, quand il m'est arrivé de relire ses œuvres, je n'avais pas de mal à entendre en même temps sa voix et j'ai redécouvert ce qui le distinguait de bien des écrivains maghrébins : le travail de précision sur la langue. Il n'y a que chez Mohammed Dib que ce souci est porté au plus haut, réintroduisant dans la modernité littéraire des exigences qui furent l'apanage du classicisme.

Quel est aujourd'hui le lectorat de Tahar Djaoût, Kateb Yacine, Mohammed Dib, Jean Sénac et les autres ? Et qu'en est-il des nouvelles générations ? J'ai hâte d'en savoir plus, et bien entendu de retrouver Alger, d'y retrouver cette excitation des sens et de l'esprit que j'ai toujours éprouvée depuis ma première visite, juste après l'indépendance.

Je n'aurai que deux jours pour cette nouvelle reconnaissance après une longue absence. Et j'imagine qu'ils ne seront pas de tout repos.

7 novembre

Ce journal est-il une bonne idée ? Son écriture ne risque-t-elle pas de devenir contrainte, de s'enferrer dans une chronologie surfaite, dictée par le calendrier ? N'y a-t-il pas incohérence de ma part à vouloir remuer d'un même mouvement le vécu au jour le jour et le flux de ce qui se bouscule dans ma tête sans lien évident avec ce que je vois, touche, respire et entends ?

Appréhensions sincères et sans doute utiles pour la suite. Car, de ce que j'écris (et cela fait un bail qu'il en est ainsi), je n'ai pas pour unique souci ce que les autres en attendent, mais aussi ce que moi j'en attends.

La plus paradoxale (en apparence seulement) de mes attentes n'est autre que l'inattendu. C'est d'abord quand il me surprend qu'un texte, le mien ou celui d'un autre, m'arrête littéralement et me plonge dans une rêverie active, féconde pour la dynamique de l'écriture. Ma prédilection va vers ces écrits sur lesquels j'ai l'impression que l'auteur n'a pas grand pouvoir, surgis on dirait de l'inconnu, pétris dans une matière dont la composition reste une énigme. L'effet d'ébranlement qu'ils ont sur moi diffère sensiblement du plaisir intellectuel ou de l'émotion esthétique qu'un texte dispense au lecteur en temps normal.

Mais il ne faut pas que je me monte la tête. Ce que je rédige là n'est après tout qu'un entretien que j'espère franc et instructif avec moi-même. Ce que je peux garantir, c'est de continuer, sur la lancée de mes derniers livres, à « plaquer du mécanique sur du vivant », selon le dire de Bergson, en veillant scrupuleusement à appliquer la maxime que je viens d'inventer : Dérision bien ordonnée commence par soi-même.

13 novembre

Retour d'Alger. Les retrouvailles espérées se sont déroulées à l'instar d'un film visionné en accéléré. Embarqué dans ce tourbillon prévisible, je ne pouvais que m'en remettre au hasard, cet entremetteur imaginatif qui ne tarda pas à m'allécher avec une rencontre imprévue dès que je suis monté dans l'avion d'Air Algérie à Orly. Il s'était arrangé pour me placer, côté couloir, près d'une dame que je crus reconnaître sans hésitation.

– Bonjour ! lui lançai-je chaleureusement, m'attendant à voir son visage s'éclairer à ma vue.

Au lieu de cela, la dame, l'air un peu interloqué par tant de naturel, répondit en me demandant sur un ton de courtoisie étudiée :

– On se connaît ?

Ne tenant pas à faire traîner le suspense et pour parer à ce que je jugeai hâtivement n'être qu'une défaillance passagère de mémoire, j'ai décliné avec assurance mon identité.

– Ah oui ! réagit-elle d'une façon que je ne connais que trop, lorsque, confronté à pareille situation, je dois gagner du temps pour ne pas froisser la personne qui m'aborde et croit que je la reconnaîtrai spontanément, même si nous ne nous sommes plus revus depuis l'école primaire.

Là, le doute s'insinua en moi, et celle que je croyais être Denise... Denise comment d'ailleurs ? pouvait bien être quelqu'un d'autre. Et puisque j'étais incapable de me rappeler le nom complet de la Denise en question, mieux valait battre en retraite et chercher vite un indice secourable, ou alors, si la cause devenait désespérée, un subterfuge quelconque pour réparer tant bien que mal ma bévue.

Est-ce générosité de la part de la dame pour me tirer d'embarras ou réaction de quelqu'un qui a pris l'habitude d'être reconnu sur-le-champ pour ce qu'il est, touchée donc dans sa fierté par mon ignorance, toujours est-il que la perche qu'elle me tendit coïncida avec le *fiat lux* qui me fit retrouver le nom de la personne que j'avais cru voir devant moi : Denise Brahimi, l'amie universitaire, Algérienne de cœur, spécialiste de la littérature maghrébine, que je vois rarement mais qui m'écrit de temps en temps lorsque je lui envoie un de mes ouvrages.

Trop tard ! À la suite d'une manœuvre subtile, ma voisine avait soulevé une liasse de feuilles qu'elle tenait posée sur ses genoux, découvrant un livre dont je ne pouvais pas ne pas lire le titre, *La Kahéna*, et le nom de l'auteure, Gisèle Halimi !

Même s'il y a une certaine ressemblance entre les deux personnes, comment avais-je pu les confondre ? Et maintenant, il fallait réparer les dégâts ! Ce que j'entrepris immédiatement. Il faut croire que ma mémoire s'entend bien avec les situations d'urgence. Elle m'envoya les renseignements à exploiter de suite. Effaçant d'un revers de main le scénario alambiqué de la méprise, j'introduisis un élément dont j'étais sûr qu'il allait faire mouche et permettre à ce tête-à-tête hasardeux de repartir sur de nouvelles bases.

– Nous avons siégé ensemble deux années de suite, je crois, dans le jury du prix Radio Beur. (Tout était dans le « je crois ».)

– Effectivement, commença Gisèle qui se donnait à l'évidence le temps de la réflexion. Il y avait avec nous Daniel, le comédien, comment s'appelle-t-il ?

– Prévost. Et Mme Edmonde Charles-Roux aussi.

– Absolument. Et que devient le prix, il continue ?

– Oui.

À ce moment-là, je fis mine de découvrir le livre qu'elle avait gardé sur ses genoux. Elle remarqua mon intérêt. À partir de là, nous avons parlé, parlé, de quoi rattraper des années de silence. Nous avons refait le Maghreb, et donc un peu le monde. Puis l'avion s'est posé avec une douceur exceptionnelle sur la piste d'atterrissage.

Au sortir de l'appareil, nous étions attendus et, pour nous éviter les lourdeurs des formalités d'entrée, on nous transporta directement au pavillon d'honneur où nous fûmes installés dans un des salons présidentiels en attendant de récupérer passeports et valises, affaire qui se régla en un temps record.

Au lieu de jouir paisiblement de ce traitement de faveur, j'en fus d'abord gêné, avant de considérer la situation avec amusement et me détacher par l'esprit de ces contingences. Je préférai penser à Alger que j'allais découvrir de nuit alors que, dans toutes les images d'Épinal qui l'évoquent, elle est abordée par la mer et de jour pour que l'on puisse clamer dans les commentaires sans risque de se tromper : « Alger la

Blanche ! » Espoir vite déçu. Dès que nous sommes montés en voiture, notre accompagnateur, pince-sans-rire intarissable, nous informa que nous allions être logés au Hilton (ce dont j'étais averti par écrit) et lâcha au milieu de l'éloge fleuri qu'il fit du cinq-étoiles une précision démoralisante : l'hôtel était en dehors, bien en dehors de la ville.

Bon, il n'y aurait pas de traversée d'Alger by night.

Une fois arrivé à destination, enregistré, installé dans la chambre, je passai une soirée sans relief. J'eus du mal, en descendant au salon, à trouver un siège vacant. Plusieurs groupes de participants s'étaient formés et l'apéritif devait en être à la troisième ou quatrième tournée. Je fis quelques rencontres sans effusions notables avant de me diriger vers le restaurant. Au cours du dîner où je me suis trouvé attablé à côté de Gisèle mais avec des personnes que je ne connaissais pas et réciproquement, j'ai fait bonne figure comme j'ai pu. J'ai donné une fois ou deux mon avis sur un point de détail d'une discussion dont l'enjeu m'échappait. Mieux concentré sur mon assiette et mon verre, j'ai bien mangé et bu en sachant que cela allait favoriser mon sommeil dès que je serais au lit. Objectif atteint puisque je me suis endormi cette nuit-là sans avoir à batailler contre l'insomnie qui me guette quand je suis en voyage.

Au matin, livré à moi-même, j'ai décidé d'aller faire un tour au Salon du livre, sans guide ni protocole. J'en fis deux de tours, et en sortis déboussolé. Ce à quoi je venais d'assister procédait, ai-je pensé, du théâtre d'ombres. J'eus l'affreux sentiment que le livre n'était qu'un prétexte, une sorte de mascotte qu'on propulsait en avant pour faire diversion. Il y avait là une façon de poursuivre la guerre par d'autres moyens, une guerre ni perdue ni gagnée et que les protagonistes projetaient ainsi sur l'écran du présent par livres interposés. Je dis cela sans amoindrir le moins du monde le courage et l'amour de la chose écrite chez la poignée d'éditeurs algériens dignes de ce nom, dont les productions étaient hélas noyées sous une trombe de livres jaunes que s'arrachaient comme autant de trophées des diables d'hommes, barbus jusqu'aux couilles, et des jeunes filles en fleurs bien fanées sous le voile de rigueur.

J'apprendrai plus tard d'une source bien informée que ce qui m'avait choqué était un moindre mal, un phénomène résiduel en comparaison de ce qui avait prévalu lors de précédentes sessions. Je voulais bien le croire, mais qu'est-ce que ça devait être !

Il a fallu patienter jusqu'à la fin de la matinée pour que le hasard intervienne de nouveau en ma faveur. J'étais retourné à l'hôtel et sirotais un café au salon en attendant que la faim se fasse mieux sentir. C'est alors que deux anges souriants sont descendus du ciel : Zineb Laouedj, que je connaissais pour l'avoir lue et rencontrée à plusieurs reprises en France, et Abderrahmane Djelfaoui, avec lequel j'avais correspondu au sujet d'une manifestation poétique qu'il avait organisée dans le Sud algérien et à laquelle je n'avais pas pu participer, à mon grand regret.

Avec eux, dès les premiers mots échangés, je me suis senti à l'aise. J'ai retrouvé ce que j'étais venu chercher et qui m'avait ébloui depuis ma première visite ici, à l'époque où la maison du peintre Mohammed Khadda était un haut lieu de rencontres et de débats passionnés. Ce sentiment retrouvé, si cher à mon cœur, que je qualifierai simplement de « complicité maghrébine ».

Ah le Maghreb, cette belle utopie qui ne cessera jamais d'éclairer mon chemin d'homme. Cette réalité éclatante, confisquée. Ce gâchis dû à la bêtise et l'aveuglement. Ce crève-cœur !

Avec Zineb et Abderrahmane, les réflexes de la complicité ont fonctionné le plus naturellement du monde. Et pas seulement sur le plan des idées, pour aborder l'état des lieux de la littérature, de la culture, ou l'évolution des mœurs politiques dans chaque pays. Au détour d'une phrase où j'avais esquissé ma crainte de repartir d'Alger sans l'avoir vraiment revue, proposition me fut faite, toutes affaires cessantes, de me soulager de cette frustration. Et nous voilà partis.

Je ne pouvais rêver de meilleurs cicérones. Le tour de la ville, effectué en voiture, fut époustouflant. Je n'ai pas pu m'empêcher par la suite de le comparer à la dernière séquence du *Roma* de Federico Fellini. Avec cette différence que notre tour, lui, était commenté, notamment par Abderrahmane, qui se révéla un connaisseur hors pair de l'histoire et de la topographie de sa ville natale, mais aussi un stratège très inspiré en tant que guide. J'eus droit à une vraie balade au centre-ville puisque nous roulions au pas, presque au coude à coude tant la circulation était dense, puis à un contournement progressif de la cité par les quais du bord de mer pour admirer le serpentin des immeubles exhibant les beaux restes d'un trésor architectural, enfin à une escalade en douceur des hauteurs de la ville dévoilant de mieux en mieux, de la belle endormie, le corps majestueux, secoué de frissons dus à un cauchemar persistant. Et pour couronner cette ascension d'un halo mystique, nous atteignîmes la basilique Notre-Dame d'Afrique, trônant sans ostentation on dirait sur un nuage, réjouie d'être aux premières loges d'un panorama où l'éphémère et l'éternel se donnent la réplique à mots couverts.

Arrivé à une heure de fermeture, je n'ai pu admirer la basilique que de l'extérieur, mais le paysage qui s'offrait du promontoire où elle est érigée me plongea aussitôt dans une rêverie douce-violente. J'ai vu alors ce que j'aspirais à voir : les papillons de l'âme de Camus, Khadda, Sénac, Djaoût et tant d'autres amoureux éperdus de cette terre, voletaient au-dessus de la ville et l'enrobaient d'un voile protecteur de soie transparente. Un jour, Alger découvrira ce qu'elle doit à ses chantres !

À l'issue de ma promenade, j'étais tellement comblé et mes amis si heureux de m'avoir donné ce plaisir que nous en avions oublié de déjeuner. Et ce n'était plus rattrapable car j'étais presque en retard pour la rencontre prévue pour moi en milieu d'après-midi au Salon du livre.

De cette rencontre, je ne trouve rien à dire. Peut-être parce que je préfère rester sur le doux nuage de ma promenade et ne garder que des images, des tons de lumière, des apparitions fortuites, des silences complices, plutôt que de reproduire les termes d'un débat ponctuel promis à la dispersion et l'oubli.

Le lendemain, j'étais dans l'avion pour Paris, toujours assis côté couloir. La place près du hublot était vide.

21 novembre

Ces dernières nuits, j'ai subi une avalanche de rêves stupides et épuisants. J'en étais furieux à mon réveil. Peut-on être touché dans sa fierté par le niveau jugé médiocre de ses propres rêves ? J'avoue l'être un peu, surtout qu'il m'est arrivé de lire, sous la plume de confrères et consœurs particulièrement attentifs à l'expérience onirique, des rêves à vous couper le souffle, avec des histoires bien ficelées, des protagonistes au moins aussi crédibles que les personnages de Kafka, des décors et des effets spéciaux qui coûteraient des millions de dollars à un producteur de Hollywood, une minutie des techniques narratives abandonnées depuis l'éclipse du nouveau roman pour cause de pénibilité.

En outre, le lien y est toujours établi avec le vécu au grand jour de l'auteur-dormeur. Du coup, celui-ci a la possibilité de réinvestir les messages reçus la nuit dans la gestion de sa vie à l'état de veille. Une vraie manne, quoi ! Par comparaison, les miens, de rêves, sont si pauvres et décousus qu'ils ne me sont d'aucune utilité. Les péripéties durent quelques secondes et s'évanouissent. Les personnages sont interchangeables.

Rien ne commence vraiment et rien ne se termine. Quant à moi, j'y figure, bien entendu, à des âges différents, dans des situations lassantes à force d'être répétitives. Le visage, à ne pas s'y tromper, est le mien, mais dans la caboche je me rends compte que j'ai un pois chiche en guise de cerveau.

Tiens, hier, je suis sûr de m'être vu pleurer en rêve. À cause de qui, de quoi ? Je n'en sais trop rien.

À l'évidence, la chaîne de mon subconscient est cryptée.

C'est grave, docteur Freud ?

22 novembre

Après la vague de froid et la morne grisaille, le soleil est revenu ce matin. Il s'est accoudé un instant à ma fenêtre avant d'aller caresser les bras nus des arbres, des bras à la peau ferme, tendus pour soutenir le dôme d'un ciel délesté de ses nuages, passé au bleu pastel par un peintre plus matinal que les oiseaux. Pourtant, quelque chose fait défaut à ce paysage, réjouissant à première vue. Quoi ? Une vibration, une irradiation, une consistance, une profondeur, bref, ce qui pourrait s'apparenter à un centre de gravité.

Maintenant que je cherche la petite bête, j'ai l'impression d'être devant un tableau auquel il manque la touche finale. Mais ne serait-ce pas moi qui suis en manque ? De cigarettes d'abord, puisque j'ai pris une des grandes décisions de ma vie, celle d'arrêter de fumer, et que je n'en suis qu'à ma troisième semaine de sevrage. Une véritable épreuve qui, ô miracle, ne m'empêche pas pour le moment, comme je le redoutais fortement, de continuer à écrire ! De quoi ensuite ? Arrêtons de tourner autour du pot, il s'agit du pays, ce pays « qui m'est blessure et passion ».

Depuis deux semaines, le besoin d'être au Maroc se fait sentir. J'ai comme ça des envies de femme enceinte qui peuvent se porter sur un plat d'une cuisine particulière, un fruit dont ce n'est pas la saison, ou alors sur des entités à la fois matérielles et immatérielles : la première sensation quand je m'immerge en été dans l'eau tiède d'une piscine, un face-à-face silencieux et sans témoins avec la mer avant le coucher du soleil, une nuit d'amour sauvage et tendre à la plus belle des étoiles, un voyage impromptu pour une destination à inventer en cours de route et, bien sûr, un poème salvateur qui me dénouerait la gorge et les tripes, soulagerait ma poitrine et me remettrait debout sur les deux jambes.

Une envie donc de Maroc, pressante.

Mais il va falloir patienter à cause des obligations que je me suis créées ici, au moins jusqu'à la fin de l'année. Entre-temps, rien n'empêche de partir par voie de pensée et profiter de cette « absence » pour essayer de mettre au clair ce que recouvre le manque qui m'a fait ouvrir la bouche aujourd'hui.

Le sujet n'est pas simple. Cent fois, par le passé, je l'ai abordé par les biais les plus divers : l'introspection effrénée, la pensée raisonnée, la farce tragique, la confession impudique, le procès de soi, l'exorcisation et la prière telle que je l'entends. Pour autant, je n'ai pas épuisé le sujet, et il ne m'a pas non plus épuisé.

Ajoutons à cela que la situation a radicalement changé depuis des années puisque plus rien ne m'interdit de retrouver le pays quand je veux, d'y circuler et m'exprimer librement. Le sentiment de l'exil qui s'était tempéré progressivement avant cette nouvelle donne n'a plus lieu d'être. Restent ce manque, cette incomplétude.

Ne pouvant consulter pour ce type d'affection, j'utilise le plus immédiat des calmants : un voyage à la première invitation qui se présente, un autre sous prétexte du temps désespérément pourri ici, sans parler de l'expédition rituelle de l'été où je me mêle à la caravane gigantesque de mes compatriotes effectuant la traversée par voie de terre, d'air, de mer, piaffant d'impatience, furieux de constater que les progrès techniques se soient arrêtés à ces moyens banals et n'en aient pas inventé un nouveau encore plus évolué pour abattre les distances.

Arrivé à bon port, et passé le premier moment des émotions à l'état pur, je reprends vite possession des lieux, si ce ne sont pas eux qui reprennent possession de moi. À peine installé, le portable réactivé, le premier échange tenu intégralement en arabe, la première dépense effectuée en dirhams, j'ai le sentiment de ne pas avoir bougé de Rabat. Le voyage qui m'y a conduit aurait pu tout aussi bien s'être déroulé en rêve. Ma vie au pays d'où je viens se brouille et passe sans déchirement notable du concret à l'abstrait. Je n'ai plus d'autre préoccupation que de remettre la maison en état de marche, porter secours aux plantes livrées à la seule générosité du ciel pendant mon absence, approvisionner la cuisine, remplir le Frigidaire, trier le courrier reçu, signaler ma présence à la famille, m'enquérir des nouvelles des voisins et du quartier.

Deux jours suffisent pour que je me coule dans une routine qui ne m'étouffe guère. Quant à l'écriture, je n'y pense même plus. Est-ce cela que je vais chercher là-bas ? Drôle de manque !

10 décembre

Avant de m'engager plus avant dans le dédale de cette introspection, j'éprouve le besoin d'une halte, pas du tout oisive. De quoi s'agit-il ? D'avoir, pour une fois, la possibilité de choisir mes propres questions plutôt que de subir celles que l'on me pose d'ordinaire.

Voyons voir alors si je suis capable de faire mieux que ceux, celles (et ils sont légion) qui m'ont interrogé jusqu'ici en me désespérant un peu, beaucoup, en tout cas souvent. C'est que j'en ai rencontré des phénomènes, à commencer par le prétendu journaliste qui, à la fin de ma rencontre avec le public, bouscule les amis venus me saluer, m'interpelle en écorchant mon nom, braque sur moi son enregistreur en me demandant, si cela ne me dérange pas, de me présenter aux auditeurs de sa radio fantôme ou aux lecteurs de sa feuille de chou sur le point de naître. Je passe sur le défilé, ininterrompu jusqu'à ce jour, des bonnes âmes ayant «découvert» que j'étais un écrivain engagé et dont l'attente essentielle est de m'entendre confirmer ce qui leur a paru la marque de fabrique des quelques poèmes et dans le meilleur des cas du seul livre qu'ils ont lus de moi il y a de cela dix, vingt, trente ans. Je passe de même sur le défilé des questionneurs qui ne retiendront de la littérature dite maghrébine d'expression française, et ce jusqu'à la fin des temps, que les « problématiques » (terme que j'abhorre) de l'exil et de l'usage de la langue de l'ancien colonisateur. Les plus futés, assurément, sont les usagers du Web ayant récolté gratuitement l'information que j'ai mise à leur disposition sur la Toile et ne m'interrogeant qu'à partir de cette matière, jugée amplement suffisante. Le fait de ne pas pousser la curiosité jusqu'à ouvrir mes ouvrages (ne parlons pas de les acheter) semble ne pas les tourmenter outre mesure. Enfin, parce qu'il faut bien clore la liste, il y a ceux qui ne s'embarrassent pas de ces protocoles et s'en sortent par une pirouette dont ils n'imaginent pas l'obscénité. Faisant allégrement table rase de mes publications précédentes, ils me demandent avec le sourire en coin du connaisseur de mes performances d'auteur prolixe : « Alors, sur quoi travaillez-vous en ce moment… un roman peut-être ? »

J'arrête ce jeu de massacre car il risque de rejaillir sur le moral. Et puis je n'oublie quand même pas les quelques entretiens exceptionnels qui m'ont permis de faire, à des moments charnières de ma vie, ce que j'ai appelé des bilans de santé littéraire, ni les rares fois où d'autres interlocuteurs m'ont entraîné hors des sentiers battus avec des questions fraîches, directes, teintées d'une touche d'humour assurant le bon dosage de légèreté et de gravité.

Cela dit, et quelles que soient la richesse des sujets et la pertinence des analyses qui sont brassés en de telles occasions, je n'arrive pas à me défaire de l'idée que l'exercice auquel je me prête est toujours décalé par rapport à ce qui m'agite en profondeur et accapare ma pensée. Et cela n'entame en rien le bien-informé, la perspicacité ou les attentions de mes interlocuteurs. La cause en est simplement que l'appréciation de la primauté de telle ou telle question, à un moment donné, n'est pas la même pour eux que pour moi. Et même quand ils se basent sur mes écrits les plus récents pour déterminer mes préoccupations de l'heure et leur degré d'acuité, ils n'ont aucun moyen de savoir (sauf confidences de ma part) ce qui m'aura marqué entre-temps et, pourquoi pas, bouleversé au plus intime. Il suffit d'une rencontre, de la découverte d'un pays, d'un livre, d'une avancée scientifique, ou alors, moins réjouissant et plus cruel, d'une maladie qui vous fait tordre de douleur, de difficultés que traverse votre enfant, d'une idée fixe désagréable qui parasite en permanence vos idées, de la perte subite insupportable d'un ami, d'une sœur bien-aimée, et, de par le monde, d'un acte de barbarie encore plus barbare que les autres. Alors la hiérarchie des interrogations en prend un coup, certaines urgences passent avant d'autres.

Mais assez discouru sur le sexe des questions ! En fin de compte, il n'y en a qu'une à me harceler depuis que j'ai mis un nom sur le manque dont je souffre ces derniers temps. Et mon problème, c'est qu'elle est, du moins dans sa formulation, d'une banalité affligeante. Dois-je attendre pour y faire face qu'elle se présente à moi sous de plus beaux atours ou ne vaut-il pas mieux la recevoir en l'état et en supporter la brutalité ?

Ce Maroc, qu'est-il au juste pour toi ?

Ainsi donc, la montagne inspirée de mes tourments a accouché d'une souris retorse, décidée à me faire courir jusqu'à l'épuisement, ne m'autorisant de halte que pour engendrer une nouvelle portée.

À cette question gigogne, je ne peux que me soumettre. Après tout, je l'ai bien cherché. Et maintenant, comment diable vais-je m'y prendre ?

Bien obligé je suis de reprendre tout depuis le début.

Cher pays,

Tu as fait irruption dans ma vie alors que je n'étais qu'un enfant. À cent mètres de la ruelle où se trouvait notre maison, la manifestation grondait. Vive le Maroc ! scandait la foule. À bas le colonialisme ! Vive l'indépendance ! Des mots qui ont eu sur moi l'effet d'un aimant et que j'ai criés à mon tour avant de plonger tête la première au milieu des vagues démontées des manifestants.

Si j'évoque encore aujourd'hui cet épisode, c'est qu'il continue à résonner dans ma mémoire comme la détonation d'un signal de départ. Que s'est-il passé ? Ayant assimilé ton nom acclamé avec tant de ferveur à une sorte de sésame, mes pas m'ont porté vers toi. J'ai enjambé un seuil sans que personne ne me l'ait dicté, et je ne l'ai pas fait accompagné de mon père, d'un de mes frères ou de mes camarades de jeux, mais avec des milliers d'inconnus auxquels ne me liaient que quelques mots magiques que nous scandions d'une voix unanime.

Peu après, des coups de feu ont retenti, la soldatesque a chargé et les vagues humaines ont reflué violemment. L'une d'elles m'a soulevé puis s'est refermée sur moi tel un étau.

Au cours des quelques minutes que cette expérience a duré, je suis passé d'un état d'émerveillement à la stupéfaction d'être pris au piège, ensuite à une conscience très claire de ce que la mort peut représenter pour un être vivant. J'ai eu l'étrange souci de laisser tout en ordre derrière moi, puis une dernière pensée pour chacun de mes proches et, chose plus étrange, j'ai demandé pardon à ma mère. Autant dire que l'enfance s'était retirée de moi avant que l'obscurité n'envahisse mon cerveau.

Ayant fait cet affreux constat, je ne t'en tiens pas rigueur. Mon aventure-mésaventure avec toi relève du mystère et, si je m'en suis sorti, miraculé, c'est parce qu'après m'avoir happé et ingéré tu m'as remis au monde. D'où ce lien organique entre nous qui va fonctionner immanquablement par la suite.

L'indépendance se fit attendre. Puis elle fut. Quelques semaines de fête, quelques mois tout au plus, et les musiciens, les danseuses, les saltimbanques et les vendeurs de potions magiques ont plié bagage. Le ciel ne s'est pas ouvert exceptionnellement comme pour une nuit du Destin. La manne attendue a dû tomber en plein jour et elle est allée directement dans les poches de quelques malins bien informés des caprices du ciel et de la vénalité des devins. Dans ma ville natale, où les espérances avaient été des plus violentes, pour la majorité des gens la vie d'avant reprenait, plus souvent grise que rose. Qui parmi les miens aurait pu m'enseigner clairement que ce que nous avions vécu collectivement ressemblait à un avortement, que la porte de l'avenir à peine entrouverte était en train de se refermer ? Sans en être averti, je ne ressentais pas moins un profond malaise. Si mes souvenirs sont bons, mes crises d'étouffement pendant le sommeil doivent dater de cette époque-là. Leur effet continuait à l'état de veille tant j'enrageais contre le peu de lumière, le peu de secours que je pouvais attendre de mon entourage. Le sentiment d'incompréhension débouchait sur une solitude écrasante.

Aussi la musique de mon adolescence s'est-elle jouée sur un instrument en dents de scie. J'ai été, en tant qu'animal sociable, la chose et son contraire : une vie apparemment rangée, des efforts loués au collège, pas de frasques notables, mais en sourdine, directement après une petite crise de mysticisme, une furie de remises en question de l'ordre immuable établi autour de moi, vécu par l'écrasante majorité comme le seul possible et imaginable. Tout y est passé : les us et coutumes, les pratiques et les croyances religieuses, le patrimoine des superstitions, les travers sociaux, le vide sidéral des idées. Le rejet est allé jusqu'à concerner les aliments, ceux de l'âme y compris, tels le couscous du vendredi, la soupe du ramadan, les fèves et les lentilles des jours de dèche, la musique andalouse servie à toutes les sauces et les hadiths du Prophète utilisés à tort et à travers. On aurait dit que ma devise à l'époque était : Seul contre tous ! même si je me retrouvais avec quelques chenapans de ma connaissance à ruer dans des brancards de facture semblable.

À l'origine de mes « égarements », point de mystère. L'école en avait préparé les bases et ma boulimie de lectures à cet âge immature a fait le reste. Ajoutons à cela, sans fausse modestie, un sens de l'observation favorisé par le goût de la solitude.

Autant dire que mes relations avec toi, cher pays, se sont quelque peu dégradées. Ayant pris l'habitude de traiter avec des groupes ou l'ensemble de la communauté, tu acceptes mal qu'un simple individu puisse concevoir un lien personnel avec toi et te parler en usant du tutoiement alors que c'est exactement de cela que j'avais besoin à un âge où le malaise que l'on ressent vis-à-vis de ce qui est extérieur à soi n'est que le reflet d'un malaise plus aigu que l'on vit de l'intérieur. Mais il est vrai que la psychologie n'est pas ton fort, ni les débordements de tendresse. Tu laisses croître tes rejetons dans un terreau que tu estimes infaillible quant à la reproduction de valeurs et de comportements rodés depuis des siècles. Tu n'es pas un jardinier assez averti des changements parfois radicaux du climat, ni suffisamment attentif pour distinguer les pousses fragiles et les excroissances. Et puis, inutile de rappeler le fléau cyclique de la sécheresse dont tu souffres.

Manquant d'attentions et de soins, j'ai grandi comme j'ai pu, et je ne suis finalement pas mécontent d'avoir dû compter sur mes propres forces et de m'être adapté à des conditions proches de la pénurie. Ne t'étonne donc pas si j'ai poussé de travers et commencé à bourgeonner hors saison, si j'ai acquis une conscience de moi-même séparée de celle que j'avais des autres et me suis mis ainsi en porte-à-faux par rapport à ce qui se pensait et se pratiquait communément.

Confusément d'abord, puis de façon de plus en plus nette, l'idée suivante a fini par s'imposer à moi : ce que tu me présentais de toi comme étant la norme, l'ambition voire la perfection à atteindre pouvait n'être qu'une possibilité parmi d'autres, et pas forcément la plus enviable. L'univers que je découvrais dans l'enceinte scolaire et les livres que je dévorais me présentaient pour leur part un éventail de façons de penser, d'éprouver des sentiments, de vivre en société, de concevoir des liens avec un pays, de regarder au-delà vers le monde et, plus troublant que ces ouvertures, ils m'offraient la possibilité du choix libre, élevé au rang de droit.

Certes, je le vois maintenant avec le recul, l'univers que j'entrevoyais à l'époque n'est pas loin du monde virtuel dans lequel les jeunes ont tendance à se plonger en masse aujourd'hui.

C'est avec ces bagages et un grand ouf de soulagement que j'ai quitté la famille et ma ville natale pour aller étudier dans la capitale.

Les années soixante en étaient à leurs balbutiements, et ce qui m'a vite conforté dans ce que j'estimais être une révolte salutaire contre tes pesanteurs et tes archaïsmes, ce sont les frémissements du changement allant dans la même direction que j'ai trouvés à Rabat.

Les cercles où ces prémices se manifestaient se limitaient à quelques groupes d'étudiants et cénacles d'artistes. Mais Rabat m'a paru être un autre pays comparé à la médina de Fès. D'un labyrinthe routinier et hautement surveillé, j'accédais à une ville ouverte où la sensation d'espace était démultipliée par le large océanique auquel la cité est adossée. En outre, celle-ci brassait une population d'origines et de confessions diverses et vivait à un rythme libéré de ces heures lestées de plomb que les vieilles horloges de la cité de Moulay Idriss égrenaient à perte. Je pouvais sortir et rentrer à ma guise, veiller très tard si cela me chantait sans avoir à en rendre compte. Et de fait je découvrais que le vrai jour, le plus excitant, c'était la nuit.

Le cosmopolitisme bien établi du quartier de l'Océan attirait naturellement les mutants culturels de mon espèce. Nous nous retrouvions dans les bars à tapas, et c'est dans cette cohue que les disputes au sens philosophique du terme étaient les plus nourries, que l'actualité des avant-gardes littéraires et artistiques de par le monde était recensée et commentée. L'un ou l'autre avait toujours, mine de rien, un texte personnel dans sa poche au cas où l'intérêt du groupe se porterait sur la production du cru.

Plus rarement, question de moyens, il nous arrivait de nous attabler dehors pour manger des brochettes et tendre l'oreille au concert polyphonique des langues émanant des tables voisines, ce qui nous semblait être l'attraction la plus agréable du quartier. À cela il faut ajouter les trottoirs, véritable théâtre à l'air libre. On y voyait défiler des beautés fracassantes, des éclopés à la présentation étudiée, des acrobates de l'infime, des fous de Dieu au verbe flamboyant, des vendeurs du tout et du rien, des enfants insomniaques, des intellectuels éméchés et fiers de l'être.

Le centre de la ville, autour de l'avenue Mohammed V, comptait quelques lieux où la fièvre des rendez-vous et des discussions montait plutôt en cours de journée. C'est là aussi que se trouvaient plusieurs librairies que j'ai commencé à fréquenter dès que j'eus encaissé ma première bourse d'étudiant. L'institution de la librairie m'était nouvelle car je n'avais connu à Fès d'autre temple du livre que la bibliothèque publique du Batha, où les acquisitions les plus récentes dataient sans surprise de la fin du Protectorat.

Entraîné de mon plein gré dans ce tourbillon rendu plus grisant par mes premières relations avec le sexe opposé et la découverte des jeux de l'amour et des joies de la chair, j'opérais ma mue. La barre de fer incrustée dans ma poitrine au cours de l'adolescence était en train de fondre. Je m'allégeais du poids écrasant des interdits et de la honte de les enfreindre. Mon corps lui-même se transformait. Il cessait d'être une cage où mes idées, mes désirs et mes folies étaient bridés. D'enveloppe rêche et terne, il devenait mon prolongement sensible, exécutant docile de la danse de mon esprit et bénéficiaire reconnaissant de mes voluptés.

Grâce à ce préalable de la liberté, j'existais enfin et me reconnaissais existant. Je m'autorisais à penser et me penser, à parler de « ma vie » au passé certes, mais surtout au futur. Qu'allais-je en faire, comment, où, avec qui ?

Et, bien sûr, tu m'attendais au tournant.

Tu m'avais laissé, tel un escargot dans de l'eau salée, rendre ma bave d'hérésies sans conséquence, mijoter ensuite dans ma sauce de frustrations avant de me mettre au four de la fascinante liberté en m'arrosant de temps à autre du jus d'indignation que je lâchais afin que je m'attendrisse et devienne un morceau de choix pour l'ogresse insatiable nommée Histoire. Tu as joué le rôle habituel que celle-ci assigne en des circonstances précises à chaque pays en lui faisant croire qu'il y va de son salut. Comment t'en aurais-je voulu alors que j'ambitionnais d'en découdre avec cette marâtre et, comme Ulysse, affûtais en secret le pieu que je rêvais de lui planter dans l'œil ? Un être humain ne pourrait-il pas à un moment déterminé de sa vie échapper à tous les conditionnements, et, dans un sursaut de conscience touchant à l'illumination, décider de son destin ? Dans mon cas, l'appel devenait obsédant. Rafale après rafale, les interrogations me cinglaient : « La liberté pour moi, c'est bien joli, mais que représente-t-elle pour le peuple de l'abîme que je côtoie, floué, abêti, écrasé, sans voix et sans épaules ? Qu'en est-il du rêve de justice pour lequel il s'est battu ? De la dignité qu'il a cru entrevoir ? Qui sont les prédateurs, les fossoyeurs de l'espérance ? Une fois qu'ils sont démasqués, comment ébranler et mettre à bas leur pouvoir ? Par quel ordre juste le remplacer ? Quels peuvent être les artisans de ce chambardement et de cette régénération ? Que devront-ils donner d'eux-mêmes ? »

Et, de fil en aiguille, que l'on sache nager ou non, l'on se jette à l'eau.

Je me suis jeté à l'eau.

Que d'années folles et terribles ! Je ne crois pas forcer la vérité en affirmant que c'est au cours de cette période où la plume a croisé rudement l'épée que nous avons accédé à l'intimité l'un de l'autre et que nos liens ont acquis une intensité voisine de la passion.

Là, il n'est pas inutile de rappeler qu'il y avait eu, avant l'épreuve du feu que j'ai subie, cette incroyable aventure intellectuelle et artistique dans laquelle je m'étais engagé avec quelques condisciples et dont la grande réalisation avait été de chercher et de découvrir en toi des gisements d'humanisme laissés à l'abandon et des sources revigorantes d'universalité longtemps niées. Lors du passage de cette comète appelée « Souffles », les hostilités avaient cessé entre nous car j'avais pu m'assurer que, derrière ta façade convenue, un autre pays se tenait, une chrysalide prête à prendre son essor et à tracer son chemin vers le monde. Tu me donnais enfin des ailes.

L'idylle ne fut pas du goût des « maîtres de l'heure ». Avec leur couperet qui a failli me trancher les mains, ils ont décidé de me séparer de toi le temps nécessaire pour que la flamme s'éteigne et le poison du doute atteigne le cœur. Peine perdue. Tout au long de l'épreuve, cette flamme intérieure n'a pas dépéri et je me suis incorporé, grâce au travail continu de l'esprit, d'autres lumières.

Je saute donc ces pages grises-amères de ma vie et n'en retiens ici que la bienveillance dont tu m'as entouré alors que j'étais assiégé par les ténèbres. L'amour et la poésie ont été tes émissaires assidus. Chacun avait son art de balayer la pénombre autour de moi et de se révéler en exprimant cette demande déconcertante : Réinvente-moi ! Alors, j'avais toujours du pain béni sur la planche.

Mes geôliers ont dû se résigner à me mettre à la porte car les techniques testées sur moi par leurs réducteurs de têtes n'ont rien donné et l'hospitalité interminable qu'ils m'avaient imposée s'est avérée trop coûteuse pour eux en termes d'image. L'intérêt à me garder était d'autant plus mince qu'ils avaient préparé le terrain à l'extérieur pour contenir et réduire à néant mes nuisances. L'ordre qui régissait la prison matérielle avait été instauré comme modèle politique et social. Ses rigueurs s'appliquaient à la population dans son entier et aux rescapés parmi les subversifs, avec un zeste de perfidie en sus. Je pouvais ainsi me déplacer sans entraves apparentes, parcourir des centaines de kilomètres, et c'était comme si j'arpentais encore la cour de promenade de la Maison centrale. Je pouvais écrire des poèmes, des récits, des articles et les publier tant bien que mal, mais j'avais le sentiment en les rédigeant de les coucher sur le papier réglementaire de l'Administration pénitentiaire et ne doutais pas un seul instant qu'ils allaient être souillés par l'œil et les mains du censeur embusqué. L'air me manquait davantage que derrière les barreaux.

Tu m'avais épaulé au plus noir de la nuit, mais là tu ne pouvais pas grand-chose pour moi car nous étions embarqués sur la même galère. Ces années dites de plomb, de balles réelles en fait, de braises électriques vrillant la chair, de séparations à la hache, de bagnes innommables, de cynisme et de rapine, de langage de voyous et d'effondrement moral, de lâchetés et d'actes de résistance désespérés, ces années de vents démentiels et d'éclipses à répétition ont été ruineuses pour toi. Elles t'ont miné la santé. Tu es tombé dans un état proche de la prostration et tu t'es renfermé sur toi. De mon côté, je n'allais guère mieux. La drôle de liberté que j'ai vainement tenté de fructifier a pris un goût de cendre et je commençais à la trouver franchement longue. Notre situation devenait celle d'un couple affecté par les mêmes meurtrissures et craignant s'il en parlait d'ajouter un mal à un autre. Non, ce n'était pas de la fierté mal placée, plutôt le souci de ne pas forcer le vouloir de l'autre et de l'égard pour sa peine muette.

Dès lors, je n'avais de solution que l'éloignement.

Partir pour revivre un peu ? Reconstruire ne serait-ce que du provisoire ?

Il y avait de cela et juste le contraire : partir pour répondre à l'appel d'une errance infinie, d'un besoin de se perdre, d'une pulsion d'anéantissement.

Au début, l'exil est un va-et-vient entre ces deux pôles. Soulagement et accablement coexistent. Ivresse de libertés sauvages et sentiment de perte irréparable.

L'on en veut au monde entier et l'on s'autoflagelle cruellement.

L'exilé se reconnaît de loin à sa démarche, celle d'un oiseau aux ailes brisées se résignant à marcher, et de près à son regard balayant des images invisibles et se figeant par à-coups sur un détail émergé de la réalité. Le plus souvent, il flotte dans ses habits et porte, même pour sortir acheter du pain, un cartable en cuir assez usé. Il fume voracement, pas nécessairement par vice, par obligation on dirait. Chaque fois qu'il consulte sa montre, la déception se lit sur son visage et il lève les yeux comme s'il sollicitait du ciel un démenti à la succession terne des heures. Dans le métro, il se débrouille toujours on ne sait comment pour avoir une place assise d'où rien ni personne ne pourra le déloger avant le terminus. Une fois « chez lui », il lit de A jusqu'à Z les prospectus ramassés dans sa boîte aux lettres puis s'assoit confortablement près du téléphone, le dos tourné à la fenêtre…

Si je m'étais observé de l'extérieur les premiers mois suivant mon arrivée en France, je me serais reconnu dans ce portrait hésitant entre la caricature et la tendresse solidaire. Heureusement que je n'ai pas trop eu le temps de m'inspecter dans un miroir. Bien vite, la réputation qui m'avait précédé fit de moi un témoin qu'on sollicitait pour entretenir la flamme de certains combats, ou alors un objet de curiosité qu'on brûlait d'étudier à la loupe. Les demandes de rencontres, d'interventions diverses se sont multipliées et j'ai été amené à sillonner de bout en bout mon pays d'accueil et, de là, à parcourir le monde de long en large.

L'ai-je fait pour mon compte, ne serait-ce qu'en vue de rattraper le « temps perdu », celui qui m'avait été volé pendant les années de claustration ? Me suis-je grisé de l'expansion prodigieuse de mon univers et d'être le centre de tant d'attentions où l'admiration était loin d'être absente ? Je mentirais si je niais avoir éprouvé le vertige d'émotions insoupçonnées, goûté des plaisirs « égoïstes » par définition chez les puristes et surpris en moi des envies, des pulsions, des fascinations, des aptitudes et des énergies qui devaient être en hibernation, ou tout bonnement étouffées dans l'œuf dans ma vie antérieure. Toutefois, je ne sais pas si je m'abuse en affirmant que c'est toi, cher pays, qui me poussais à accueillir l'inconnu à bras ouverts, à rendre sa noblesse au désir, à briser mes dernières chaînes et repousser mes limites, à faire taire en moi la litanie du malheur et célébrer, de la joie pure, les précieuses étincelles. Je ne comptais plus les situations où je décelais un signe de ta présence, un accompagnement de mes élans et de mes actes, tant et si bien que j'ai fini par t'imaginer un visage calqué sur celui d'une mère couvant de son regard ému les licences de son rejeton et leur trouvant ample justification du moment qu'elles lui sont profitables.

Nous en étions arrivés de notre relation à un niveau de complicité qui ne se construit que sur un minimum de bien-être. Mon dieu, comme cela faisait du bien de parler librement, de franchir les frontières aussi simplement que le seuil de sa maison ! Dans mes déplacements, je pouvais plaider notre cause, et elle était entendue. J'exerçais ce que j'avais coutume d'appeler ta « défense et illustration », en exigeant de la déployer avec les moyens de ma langue d'élection, celle de la poésie.

À ce propos, la séparation a eu un bienfait que j'imaginais mal dans l'angoisse des débuts, où je me voyais en proie à un tarissement fatal de mes sources d'inspiration. Elle a libéré en moi, de façon spectaculaire, les vannes de l'écriture. J'écrivais jusqu'à plus soif, presque sans ratures, sans lever la tête. Le lieu où je me trouvais n'était plus qu'une bulle posée quelque part dans l'espace et la lumière, naturelle ou artificielle, n'avait pour fonction que d'éclairer ma page. D'où venait cette manne, à quoi, à qui la devais-je ? C'était, je le perçois mieux maintenant, l'avènement entre nous d'un lien nouveau basé cette fois-ci, disons les choses comme elles sont, sur un pacte littéraire. Oui, l'écriture s'est avérée le moyen privilégié que j'avais de t'habiter et de te laisser m'habiter à ta guise. Tu ne t'es d'ailleurs pas fait prier pour prendre tes aises et te mettre à organiser mon art en fonction de ce que tu t'es longtemps refusé, de ce que l'on t'a nié et que tu avais hâte de t'approprier et de clamer sans retenue.

Il t'en a fallu du temps pour saisir que ce que j'exigeais de toi depuis mes premières révoltes était justement cet acte souverain de présence au monde.

La séparation avait opéré son petit miracle. Nous nous sommes libérés de l'obéissance et de la possession aveugle, des rancœurs et des délires passionnels. Nous avons atteint l'âge adulte où le souci de l'autre est d'abord celui de sa liberté, pour ne pas dire son bonheur.

Pour moi, le roman aux accents tragiques de l'exil touchait à sa fin. J'en avais suffisamment travaillé la matière pour façonner un nouveau texte, dansé sur une autre musique de l'être. Cela veut dire que la notion d'exil ne rendait plus compte de la manière dont je me situais dans la condition humaine. J'avais pris le chemin d'un peuple migrant en quête non d'une terre, connue ou inconnue, mais d'une humanité en gestation. Car la terre, et c'est ma conviction à l'instant où j'écris ces mots, est donnée une fois pour toutes. Même quand on vous l'interdit ou qu'on la retire de sous vos pieds, elle continue à vous appartenir. L'humanité quant à elle n'est pas donnée d'office et n'appartient à personne. Elle est toujours en projet et doit se mériter, se conquérir sans cesse.

Des deux rameaux de l'arbre humain auxquels je me suis frotté jusqu'à maintenant, je crois bien connaître les misères et les lumières, les grandeurs et les petitesses, la barbarie et le raffinement. Voilà pourquoi je me suis provisoirement fixé dans l'entre-deux, pour mieux évaluer la faille qui les sépare et l'état des racines qui les font se rejoindre loin sous la terre. Mon toit est un poste de guetteur où je me dois de signaler tout mouvement suspect des fauteurs de haine. C'est de là que je m'adresse à ceux, celles qui, dans les deux camps, résistent à la dérive de la raison et entretiennent la flamme de l'éveil.

Que tu l'aies demandé ou non, je remplis cet office car je me sens un peu le traducteur et l'émissaire de cette transformation que nous avons opérée l'un sur l'autre, représentant à elle seule un message digne d'être livré au monde.

Ma confession s'achève dans un climat apaisé et déjà une angoisse se lève puisqu'il faut parler d'avenir.

Bientôt je m'en irai, c'est entendu, et toi qui n'es pas concerné par une telle contingence, tu resteras. L'Histoire continuera à rouler à tombeau ouvert. Elle te resservira ses plats froids ou brûlants. D'autres poètes viendront, de nuit, te provoquer et clamer leurs souffrances sous tes fenêtres, et la foule grossie des flagorneurs, des truands, se pressera de jour devant ton seuil. Parmi tes amis ou prétendus tels, ne te resteront fidèles que ceux qui n'ont jamais attendu de toi des largesses mais une justice vraiment juste. La plupart te trahiront en fonction et proportion exacte des privilèges indus que tu leur auras accordés. Seras-tu repris par tes vieux démons ?

Quels travaux de mémoire et de prospective comptes-tu faire sur la Maison marocaine pour qu'elle ne s'écroule pas sur la tête de l'une ou l'autre des générations prochaines ?

Je ne sais pas si ce que nous avons vécu ensemble servira, et de quelle façon. Soyons réaliste. Je ne suis qu'une goutte dans ton océan et l'océan est-il conscient, garde-t-il mémoire de toutes les gouttes d'eau qui le composent ? Mais toute conscience, à l'instar de la vie qui en est le théâtre, ne se joue-t-elle pas sur un coup de dés ?

Puisses-tu avoir la main heureuse, cher pays !

La valise rouge

Quelle « éloquence » les dates peuvent-elles avoir ?
Mon journal s'est brusquement interrompu en décembre dernier, et le livre a pris un tournant imprévu. Où diable étais-je et que s'est-il passé ? Voyage, voyages ! Panne d'écriture anormalement prolongée ou grève délibérée ? Doute sérieux quant à la nécessité d'une telle entreprise ou simple fatigue de l'âme ?

Je me pose ces questions en même temps que le lecteur auquel je me suis promis de rendre des comptes car, pour moi, l'écriture n'est pas un contrat qu'on passe seulement avec soi-même, mais aussi avec celui, celle qui la reçoit librement et la partage. Et si elle relève, comme je le pense, d'une éthique, elle se doit d'honorer ce double pacte. Voilà peut-être une nouvelle façon de concevoir et de pratiquer la notion si controversée d'engagement.

Pour le moment, sincèrement, je ne détiens pas LA réponse. Tout au plus dirai-je assez trivialement qu'écrire est une affaire d'appétit. Parfois l'on se force à manger et rien ne passe. Le corps et l'esprit saturent et se rebiffent. Un changement de cap s'impose que seuls le chaud et le froid de l'expérience peuvent offrir. Il faut prendre le large, plonger dans le bain de la réalité, laisser les sens opérer leur travail de captation, ne pas les refréner face aux dérives, et dans le mystère de l'homme et du monde commencer à ouvrir des brèches afin de glaner quelques miettes de lumière. Difficile dans ce cas de s'en remettre aux calendriers et de suivre leur ordre rationnel. Ce qui va émerger de l'expérience vécue procède d'une logique dont le fil conducteur n'est pas palpable et, dans le théâtre surpeuplé de la conscience, l'on se trouve plutôt spectateur qu'acteur, avec en sus l'inconfort du strapontin sur lequel on essaie de résoudre ce qui s'apparente à des exercices de lucidité.

Si j'avais été journaliste par exemple, il en aurait été tout autrement. J'aurais eu, comme le métier l'impose, le souci du lieu précis, de la datation exacte et de l'ordre chronologique. Je me serais muni d'un gros carnet afin d'y consigner les minutes des rencontres, des entretiens, les soliloques des chauffeurs de taxi, les avis d'experts. J'aurais brossé des portraits vivants de personnalités et de personnages significatifs, rendu compte du charme des hôtels et de la propreté de leurs chambres, des bonnes adresses de restaurants, de l'état des routes, des sautes d'humeur de la météo, signalé, pourquoi pas, les achats dans un bazar ou chez un fruitier et précisé à l'occasion le taux de change de la monnaie locale. J'aurais situé tout ce fatras dans le contexte politique et social du pays en question pour aboutir à une lecture objective de la situation qu'il traverse, des dangers qui le menacent ou des perspectives d'évolution dans le bon sens. Je me serais abstenu d'exprimer mes états d'âme et n'aurais distillé mes opinions qu'au compte-gouttes.

Mais chacun son travail, et je dois faire le mien.

C'est vrai que j'ai beaucoup voyagé, à l'intérieur de l'Hexagone, en Espagne, puis il y eut la virée en

Palestine et un séjour de plusieurs semaines au Maroc. C'est vrai que, pendant toute cette période, je n'ai pas écrit une seule ligne, sans que cela me manque, je l'avoue volontiers. J'avais la tête ailleurs, et le corps suivait avec la patience d'un âne fidèle. Après tout, c'est le mien, que j'ai réussi me semble-t-il à dresser pour qu'il fasse siennes les tâches de l'esprit et en prenne de la graine. D'ailleurs, je ne le mène pas toujours à la baguette. Il m'arrive de lui lâcher la bride et le laisser paître à sa convenance. Étonnantes les choses qu'il se met à brouter, les sensations et les images qu'il m'envoie en retour : une voix chaude et voilée avec ses promesses de caresses sublimes sans que les mains y prennent part, le surgissement en plein désert d'un arbre méditant sur sa solitude, un rêve éveillé où l'homme mûr retrouve le goût du lait de l'enfance et le parfum fauve des sueurs de l'adolescence, une ascension nocturne en direction du Trou noir pour accéder à la nativité de la lumière, une course éperdue dans le labyrinthe des artères et des neurones, une musique d'éternelle jouvence que l'on boit dans un calice en forme de crâne, des murmures suggérant l'emplacement d'une clé et la porte idoine, des douleurs lancinantes et brèves faisant place au plus délicieux des états de plénitude.

C'est vrai aussi que je m'éloigne là un peu du sujet.

De ces mois qui se sont écoulés après la grande explication que j'ai eue avec le « cher pays », une image quelque peu obsessionnelle s'impose, celle d'une valise rouge que je n'arrête pas de remplir et de vider, de rouvrir et de refermer, de tirer dans des halls de gare, d'aéroport, de soulever pour monter des escaliers mécaniques ou en dur. La valise et moi. L'un ne va pas sans l'autre. Ma hantise qu'elle ne soit trop lourde n'a d'égale que celle d'avoir oublié d'y ranger ma brosse à dents, un gant de toilette, tel médicament indispensable, le nombre suffisant de paires de chaussettes, le câble pour la recharge du portable, sans parler du livre en cours de lecture et du parapluie pardi ! L'oubli qui tue, si j'ose dire.

Maintenant que la valise est remisée dans le placard (pour combien de temps ?) et que je me concentre sur cette tranche de vie, c'est à un défilé de lieux, de voix, de visages que j'assiste. À quelle méthode me faut-il recourir pour organiser ce flux ? Bon, je n'hésiterai pas à trahir la profession en faisant appel à l'art qui a donné ses lettres de noblesse à l'arrêt sur image.

Le premier me ramène, sans jeu de mots volontaire, à la Maison d'arrêt de Loos, près de Lille. Mon agenda indique la date du 17 janvier. Répondant à une invitation de l'association Escale des lettres, je m'y suis rendu pour rencontrer des prisonniers et échanger avec eux sur mon travail d'écrivain. Je me doutais bien que, pour préparer l'événement, les organisateurs avaient vendu la mèche au sujet de ma propre expérience carcérale. Vu la noble tâche de ces acteurs culturels hors pair, j'admets volontiers que c'était de bonne guerre.

Dès notre intrusion dans l'enceinte de la prison, il ne m'a pas échappé que mes accompagnateurs étaient exclusivement des femmes (l'animatrice extérieure de l'activité, le personnel pénitentiaire qui en a la charge et la gardienne) alors que la Maison d'arrêt n'était peuplée que d'hommes. De portail en portail, d'escaliers en escaliers et jusqu'à la petite chapelle servant aux réunions de ce genre, nous avons croisé des mâles, tous habillés en jogging, les uns debout seuls à la porte de leur cellule, les autres en petits groupes tenant des conciliabules à voix basse. Les yeux s'attardaient à peine sur notre étrange cortège évoluant à pas décidés. Pourtant, le ciel m'est témoin, les jeunes femmes qui m'entouraient avaient de quoi attirer les regards. Cela étant, et je le vois mieux avec la distance, il y avait une vibration particulière dans l'espace comme si, du simple fait de notre passage, la température ambiante s'était élevée de quelques degrés et des effluves troublants s'étaient répandus dans l'atmosphère. J'ai dû réprimer un sourire à l'idée que je n'étais pas mécontent d'avoir permis cette agréable intrusion dans le cours étale de l'ordinaire des frustrations. Mais bon, ce n'était pas pour cela que j'étais venu.

Les participants à la rencontre n'étaient pas nombreux. Un simple coup d'œil m'a permis de constater qu'ils étaient pour la plupart « d'origine étrangère », selon la formule consacrée et non moins détestable.

Tant mieux, la connivence en était d'autant facilitée. Nous allions pouvoir nous parler sans passer par la pénible pédagogie des préalables : Pourquoi je vis en France ? Pourquoi écrire en français ? Dans quelle langue je pense quand j'écris ? et toute la batterie des questions qui m'épuisent d'ordinaire avant que je puisse provoquer celles qui en valent vraiment la peine.

Nous avons lu quelques-uns de mes textes sans trop de commentaires, puis l'un des prisonniers a lu les siens. J'y ai décelé, et m'en suis expliqué, la graine de folie sans laquelle la poésie n'a ni odeur, ni couleur, ni saveur. Nous en avons discuté d'égal à égal, professionnellement en quelque sorte. Pour faire participer tout le monde, je n'ai pas hésité à poser la question la plus délicate dans un tel contexte : Qu'est-ce que l'épreuve de la prison a apporté à chacun ? Certaines réponses furent convenues. Il fallait bien faire plaisir au personnel qui suivait en silence nos débats. D'autres reprenaient à l'identique des discours tenus hors les murs par des jeunes déboussolés ayant trouvé une planche de salut dans le retour à la religion de leurs ancêtres. Il y eut enfin des réponses moins formatées, où l'on sentait un cheminement de la pensée, favorisé par la dynamique de l'échange et la confiance qui était en train de s'installer entre nous. Mais, au-delà des idées, j'ai été frappé par la dignité avec laquelle les intervenants tentaient de contourner leur souffrance et l'effort qu'ils faisaient sur eux-mêmes pour s'exprimer. Des mots, ou plutôt des demi-mots, écorchés, hachés, finissaient par être évacués avec un ouf discret de soulagement qui ne pouvait pas m'échapper et que je recevais comme un cadeau.

Tirant sur sa fin, notre rencontre m'avait permis de me conforter dans l'idée qu'il m'est arrivé plus d'une fois de développer publiquement : tout être humain, quelle que soit sa condition, est porteur d'une histoire unique et en détient dans son tréfonds le récit, informulé le plus souvent. Qu'il en soit conscient ou pas, le besoin de faire émerger et partager ce récit lui est vital.

Et moi dans tout cela ? me disais-je en quittant les lieux. Ce que je n'ai pas encore pu faire au Maroc (revenir sur les lieux de mon incarcération. J'aurais pu en formuler la demande et m'est avis qu'elle m'aurait été accordée), voilà que je l'effectuais sous d'autres cieux. Comme les prisons se ressemblent ! Atrocement. Ce ne sont après tout que des répliques de la barbarie qui a cours dehors. Sans cette dernière, elles n'existeraient pas. Le « règne de barbarie » n'est pas près de me lâcher. Et jusqu'au bout je lui rendrai la pareille.

Deuxième arrêt. L'Andalousie. Début février.

Si la poésie n'est pas d'un grand rapport matériel, du moins permet-elle d'être accueilli ici et là avec les honneurs et les attentions dus à une espèce menacée de disparition et que de bonnes volontés à travers le monde ont à cœur de préserver. À ce niveau-là, reconnaissons que les poètes sont davantage gâtés que les romanciers, indubitables vainqueurs de la course à la notoriété littéraire. Les festivals, les rencontres, les récitals individuels auxquels les premiers sont conviés ne se comptent plus. Mais une telle compensation a son revers. Elle exacerbe les ego et ouvre des appétits de pouvoir. On a beau fermer un œil, l'autre ne peut s'empêcher de voir comment certains poètes deviennent des experts de l'opportunité à saisir et de l'entregent qui la favorise. Ils sont capables de passer le plus clair de leur temps à sauter d'une manifestation à l'autre et réussissent à se faire traduire au passage dans une multitude de langues, même les plus confidentielles.

Comparé à ces professionnels, je fais figure d'amateur et ne me plains guère de mon statut d'intermittent. Les messes poétiques où des ténors se bousculent pour occuper les devants de scène m'indiffèrent et, lorsqu'il m'arrive d'y participer, je me surprends à raser les murs, quand je ne me réfugie pas des heures durant dans ma chambre d'hôtel. J'estime qu'avec la parole poétique l'on devrait observer le principe de rareté. La lecture, ce moment de plaisir partagé, de communion presque, n'est pas un spectacle qu'on dupliquerait sans crainte de détérioror l'original. Plus que pour un bon vin, il est conseillé d'en user avec modération.

Ce brin de médisance qu'il m'arrive, comme tout être normalement constitué, de mâcher avec délectation, ajouté aux considérations plus élevées qu'il a induites, m'a-t-il aidé, lors du trajet Paris-Séville, à combattre l'angoisse dont je n'arrive pas à me défaire chaque fois que je suis à bord d'un avion ? J'ai beau me rassurer en reprenant à mon compte les statistiques démontrant que le mode de transport par voie aérienne est de loin le plus sûr, rien n'y fait. Dès que l'engin prend de l'altitude, et surtout quand il traverse une zone de turbulences, l'irrationnel reprend le dessus et j'imagine le pire : le lieu où le crash se produira, inaccessible aux sauveteurs, mon corps pulvérisé, mon visage méconnaissable, le manuscrit que je transporte parti en fumée, le livre en cours qui restera inachevé et la partie rédigée non encore mise au propre et corrigée avec le soin habituel, le plus dur étant, chose que j'essaie en vain d'évacuer, la douleur et la perte que j'infligerai aux plus proches d'entre les miens, la culpabilité que j'emporterai avec moi dans ma dernière demeure, illustrée par cette réminiscence hugolienne : « L'œil était dans la tombe et regardait Caïn. »

– Maudis Satan ! m'aurait soufflé mon père.

Oui, je le maudis, lui, son fils aîné et le cadet, façon de parler des idées noires que l'atterrissage à l'aéroport de Séville a subitement teintées de rose. Quoi de plus normal ? J'étais en Andalousie, terre si chère à mon cœur.

L'angoisse que j'avais laissée derrière moi en quittant l'avion fit place dès ma sortie dans le hall d'accueil à une appréhension non moins coutumière : l'éventualité que la personne chargée de m'y attendre ne soit pas là, à cause d'un défaut de communication antérieur ou d'un empêchement quelconque. Après quelques minutes de relatif optimisme, l'incertitude prit le dessus. Le hall était en train de se vider et aucune annonce signalant que j'étais attendu à un autre lieu de l'aéroport ne vint me rassurer. J'ai donc commencé à chercher dans mon cartable le carnet où je consigne les numéros de téléphone à utiliser en cas de nécessité quand le visage souriant de mon ami Antonio Reyes m'est apparu. Insoucieux du retard, qu'en bon Andalou il devait considérer comme minimal, il m'ouvrit les bras et, après de fortes étreintes, des tapes fraternelles sur le dos, me présenta la dame qui se tenait près de lui et que je pris d'abord, je ne sais pourquoi, pour sa compagne.

Antonio était un peu fâché avec le français et sa science en arabe se limitait à une poignée de mots. Il s'adressait à moi d'office en espagnol car, lors de notre première rencontre, l'année précédente, je m'étais aventuré à lui servir le peu d'expressions bien tournées que je connaissais de cette langue. Du coup, il avait décrété que je la maîtrisais parfaitement. Par la suite, avec lui, je n'avais pas d'échappatoire. Je devais me jeter à l'eau et me débrouiller avec la langue de Cervantes que j'avais apprise, honte sur moi, dans l'Assimil. Mais je lui savais gré de m'imposer pareille contrainte, mon vœu étant de parvenir un jour à m'exprimer aisément dans cette langue, la seule que j'ai vraiment désirée, comme il m'est souvent arrivé de le proclamer devant des auditoires de francophones et d'arabophones médusés.

À ces occasions-là, je m'en expliquais en rappelant une évidence. La langue dite maternelle, que nous sommes amenés à chérir et que d'aucuns parmi nous considèrent comme le noyau dur de notre identité, ne nous est-elle pas imposée au départ ? Quelle marge de liberté nous laisse-t-on face à cette loi d'airain immuable ? Et si nous passons du général au particulier, en abordant par exemple l'usage du français qui s'est établi dans les pays anciennement colonisés par la France, n'est-il pas évident qu'il a été le résultat d'une violence immorale même s'il a donné lieu par la suite aux ouvertures que l'on connaît et à l'épanouissement d'une pensée et d'une littérature dont personne ne nie aujourd'hui les belles réalisations ? C'est vrai que, dans un cas comme dans l'autre, on finit par habiter ces langues au point qu'elles nous habitent en retour. On les aménage à notre guise et elles s'arrangent pour aménager progressivement notre façon de penser, notre imaginaire et notre sensibilité. Le fait de prendre acte de cette réalité, d'en dépasser les frustrations originelles, doit-il pour autant nous empêcher de concevoir le désir d'une langue que rien ni personne ne nous auraient imposée ? Ma réponse est non, et il se trouve que c'est l'espagnol qui, pour des raisons sur lesquelles j'aurai à revenir, concrétise chez moi un tel désir.

Mais où en étais-je ?

Oui. Nous sommes montés dans la voiture d'Antonio et avons pris la route pour Jerez de la Frontera, où je devais le lendemain faire une lecture au siège de la

Fondation Caballero Bonald, généreuse initiatrice d'un programme de coopération avec des acteurs de la société civile du nord du Maroc, concrétisé notamment par la création d'un centre culturel dans la petite ville de Martil (assez déshéritée sur ce plan) et par l'édition d'une précieuse collection d'œuvres littéraires marocaines traduites de l'arabe en espagnol.

La dame que j'avais prise pour la compagne de mon ami se révéla être sa collègue et l'une des animatrices de ce travail dont il était, lui, la cheville ouvrière. Arabisante, enseignant à l'université de Séville, elle vivait par intermittence à Larache où elle avait acquis une maison. Son nom à lui seul était un autre programme : Maria Dolores Lopez Enamorado. À son énoncé, je compris mieux la tendance chez beaucoup d'Espagnols à s'appeler par des petits noms. Le sien était Lola, et Lola m'a permis pendant le trajet de souffler un peu en échangeant avec moi de temps à autre en arabe. Naviguant entre l'accent proche-oriental et les intonations du Nord marocain, son parler était savoureux. Comble de l'assimilation, il était émaillé de mots en français, ce qui est devenu presque la norme chez nombre de mes compatriotes, surtout parmi la gent féminine.

Les feux de la voiture fendaient une nuit d'encre. Antonio conduisait avec assurance, un tantinet vite à mon goût. Lors des rares moments où la discussion retombait, je me calais dans mon siège et renouais avec les sensations qui m'envahissent chaque fois que je me retrouve dans ce pays, a fortiori en Andalousie. D'ailleurs, que j'y sois ou pas, il m'arrive souvent de réfléchir au pourquoi du lien particulier qui m'attache à cette terre, à ceux qui la peuplent, à leur langue évidemment, leur musique, sans oublier leur cuisine, avec une prédilection pour les tapas, chose plus étonnante de la part de quelqu'un ayant été élevé dans une tradition culinaire à laquelle il est bien obligé d'accorder, sans le moindre relent de chauvinisme, un statut d'excellence.

Serais-je un de ces illuminés nostalgiques de « l'Andalousie perdue », comme il en existe encore (eh oui !) dans le monde arabe, en plein XXIe siècle ? Mon histoire familiale, précisément du côté de ma mère, aurait de quoi alimenter cette hypothèse. Il est donc parvenu à mon ouïe, selon l'une des formules d'ouverture des *Mille et Une Nuits*, que les ancêtres de ma génitrice auraient fait partie des derniers musulmans expulsés de cette terre bien-aimée. Spoliés avant leur départ, quand ils n'ont pas été massacrés par charrettes entières, détroussés en cours de route, dépouillés du peu qui leur restait à leur débarquement en terre d'islam, ils sont arrivés à Fès une main derrière, une main devant. Malgré tant d'outrages, et le clou de la légende réside là, ils ont réussi à rapporter avec eux la clé de leurs maisons abandonnées. Comment ont-ils fait ? Mystère ! Enfant, je ne me suis jamais posé la question de son existence réelle et ma curiosité, pourtant vive, ne m'a pas poussé à farfouiller dans les affaires de ma mère pour voir la couleur de ce prodige. C'est seulement au cours des soirées meublées d'histoires merveilleuses dont l'auteure de mes jours était la conteuse inspirée que la clé de la maison d'Al-Andalus m'apparaissait parmi d'autres objets grâce auxquels la magie opérait sur moi.

À l'adolescence et même plus tard, je m'étais désintéressé de la saga familiale et il a fallu attendre l'âge mûr pour que ma curiosité s'éveille de nouveau. Mes horizons s'étant élargis et mes pérégrinations à travers les continents m'ayant conduit à sillonner l'Espagne, à y tisser des liens amicaux et des complicités intellectuelles, ce pan de mon histoire personnelle s'est représenté avec insistance. Légende ou pas, il m'accompagnait où que j'aille. À un moment, il a bien fallu poser les termes de l'équation et trancher. Quel était le vrai dans tout cela ? D'après ce que je connaissais de ma mère, rien, absolument rien ne l'aurait poussée à fabuler. À dramatiser, à enjoliver, certes, mais pas à inventer. Elle, l'orpheline en bas âge, la non-instruite des aléas de l'Histoire, la prisonnière de l'enceinte close de la maison, la condamnée aux travaux forcés imposés aux femmes de sa condition, avait-elle le loisir d'échafauder un tel récit ? Je concluais que non. Humble chaînon d'une mémoire disloquée, elle ne faisait qu'en transmettre quelques éclats, répercuter le lointain écho des cris et des larmes d'une expérience humaine ensevelie dans les oubliettes du temps.

Et c'est presque miracle si, après des décennies, cet écho me parvenait sous les formes les plus inattendues. Ce sont des mots que je me surprends à prononcer en castillan dans mes rêves, des trémolos familiers que je capte en écoutant un solo de flamenco et que mes cordes vocales reproduisent spontanément, un *romance* de Lorca dont je m'étonne en le lisant à haute voix de ne pas en être l'auteur. C'est une ruelle de Cordoue ou d'Almeria qui épouse parfaitement mon corps et que je dévale les yeux fermés comme si elle allait me conduire à la maison où je suis né, dans la médina de Fès. C'est, en m'arrêtant dans une petite place, le parfum qu'un bigaradier en fleur souffle dans mes narines pendant qu'une tourterelle meuble le silence de ses trilles déchirants. C'est en haut d'une porte condamnée une inscription à demi effacée, calligraphiée dans la langue oubliée. Mille détails qui font qu'ici je ne peux pas être un simple passant mais un interlocuteur averti des pierres, des arbres, des oiseaux, de l'air ambiant et, bien sûr, des êtres humains que je croise.

Le syndrome andalou

Maintenant que j'ai ouvert la boîte de Pandore, ma mémoire s'active anormalement. Des souvenirs à la pelle remontent à la surface et viennent alimenter et illustrer ce qu'il faut me résoudre à appeler en toute objectivité mon « syndrome andalou ».

Pardon de bousculer de nouveau la chronologie et de jouer avec la patience du lecteur. Pour ma défense, j'avancerai une formule utilisée en langue arabe pour justifier ce que certains auteurs anciens ont élevé au rang d'art, à savoir la digression : c'est en évoquant une chose que l'on permet à la suivante de se révéler. Autrement dit, le retour en arrière serait l'une des formes de l'anticipation. Je ne sais pas si j'ai convaincu, mais cela ne m'empêchera pas de laisser ma mémoire travailler à sa façon et m'instruire en retour.

Nous sommes en 1964, année faste car nous venions de nous marier, Jocelyne et moi, après des mois de relations orageuses, donc passionnées. Le français appelle ça curieusement un coup de tête, qualification pouvant aisément être retenue vu ne seraient-ce que les faibles moyens dont nous disposions pour assurer le quotidien : de mon côté, une maigre bourse trimestrielle d'étudiant, du sien une mensualité un peu plus honorable que lui versait sa mère, commerçante de son état, habitant encore Meknès après le naufrage de son couple. Pour fêter l'événement, nous nous sommes contentés d'un déjeuner au restaurant en comité familial restreint, offert d'ailleurs par Marcelle, ma belle-mère, qui entre autres largesses fournissait le trousseau de la mariée, le nécessaire pour meubler le petit appartement que nous venions de louer à Rabat et, last but not least, concédait à sa fille la solide Peugeot 203 dont elle n'avait plus l'usage.

Je me rappelle que, pour l'occasion, je n'avais rien à me mettre. Mon frère Aziz, qui m'avait d'abord logé chez lui lors de ma première année universitaire et, quand mon besoin d'indépendance s'était fait sentir, m'avait permis de m'installer dans un box de garage au pied de son immeuble, eut la généreuse idée de m'offrir l'un de ses costumes sombres. Comme il était plus grand que moi, il me confia à M. Attias, son ami tailleur, qui, en deux trois coups de ciseaux, opéra les retouches nécessaires. Le déjeuner eut lieu à Meknès, ville où avait grandi ma future. La veille, nous y avions accompli les formalités de l'union chez un *adel* siégeant dans une espèce d'échoppe attenante à la porte monumentale de Mansour, fierté des habitants de la cité du sultan Moulay Ismaïl.

Je signale, tant l'anecdote est savoureuse, que ce roi, voulant introduire de la couleur dans son harem, avait ambitionné de prendre pour femme la fille de Louis XIV, Anne-Marie de Bourbon, dite Mademoiselle de Blois, future princesse de Conti. Sa demande, jugée déplacée, avait suscité un vif émoi à la cour de France, comme en témoigne ce poème de Jean-Baptiste Rousseau :

« Votre beauté, grande Princesse,
Porte les traits dont l'amour blesse

Jusques aux plus sauvages lieux ;
L'Afrique avec vous capitule
Et les conquêtes de vos yeux
Vont plus loin que celles d'Hercule. »

Pourtant, le Prince des croyants avait dû fermer les yeux sur une infamie de notoriété publique, Mademoiselle de Blois ayant été conçue hors des liens sacrés du mariage.

Mais revenons au mien. Pour un homme de ma condition, j'ai été à l'évidence plus chanceux que Moulay Ismaïl. L'acte de mariage a été rédigé en un tournemain par le notaire religieux de Bab Mansour, déniché par Robert, le frère unique de Jocelyne. On raconte, mais Dieu est plus savant, que ce dernier, se débrouillant aussi bien en arabe qu'en berbère, fin connaisseur de « l'âme musulmane » et des combines permettant en milieu marocain de délier les nœuds les plus retors, s'était arrangé avec l'Administration locale pour obtenir en faveur de sa sœur un certificat de bonnes mœurs (papier indispensable pour sceller l'union), et avec le docte personnage pour qu'il enregistre sans sourciller, séance tenante, que la promise était à l'évidence vierge. Qu'il consigne aussi qu'elle avait reçu de ma part en mains propres et en espèces la dot s'élevant à la somme astronomique pour l'époque de cinq mille dirhams ! Moi qui n'avais pas un sou vaillant, une telle dépense avait dû me paraître extrêmement douloureuse. Mais bon, au diable l'avarice !

Le lendemain, et c'est là que je voulais en venir, nous prîmes à bord de notre acquisition récente la route de Tanger, théâtre improvisé de notre lune de miel.

Jusqu'à ce jour, j'avais très peu voyagé à l'intérieur du pays. En dehors de Fès et ses environs (Imouzzer,

Ifrane, Moulay Yacoub, Sidi Harazem et bien sûr Meknès et l'incontournable Volubilis), je ne connaissais que Rabat, ma ville d'adoption, et Casablanca. Le Sud, le Nord, l'Est m'étaient *terra incognita*.

Les rares photos immortalisant l'épisode montrent un couple bien assorti, d'une jeunesse insolente (nous avions l'un et l'autre vingt et un ans) et apparemment aux anges, comme s'il s'était offert une croisière à bord d'un paquebot de luxe faisant relâche dans les sites les plus prestigieux du monde. Or, de la mer, l'un des instantanés ne montrait que le petit bout que les grottes d'Hercule permettaient d'entrevoir. Qu'importe, l'avenir nous souriait et la découverte de Tanger, surtout pour moi, valait celle d'un continent. Jocelyne, qui s'était sérieusement dispersée dans ses études, avait quand même appris pas mal l'espagnol. Elle fut donc mon interprète, mon initiatrice dans cette première plongée dans le bain d'une langue que je ne connaissais guère. Je vivais avec délice l'expérience. J'étais certes encore dans mon pays, mais dans une ville singulière tant par la composition de sa population que par son mode, son rythme de vie, la variété de ses parlers, la profusion de ses commerces et, plus nouveau encore, la multiplicité des restaurants et surtout des bistrots ayant pignon sur rue où l'on pouvait dedans ou dehors siroter librement une bière, une *copita* de jerez sans qu'un œil soupçonneux ne vienne vous gâcher le plaisir. C'était une chose d'avoir appris l'histoire de A à Z de Tanger, les convoitises qu'elle n'a cessé d'attiser au long des siècles, son statut international pendant la période coloniale, son rattachement final à la mère patrie, et une autre que d'y déambuler physiquement et de la surprendre dans son quotidien.

Bien avant le phénomène tragique des *pateras*, une foule de badauds se pressait en certains endroits où l'on avait une vue dégagée sur la côte d'en face. L'Espagne ne faisait pas rêver comme aujourd'hui, elle était là, à portée du regard et de la main. L'on disposait sur place de ses avantages en lui offrant en retour les nôtres. Le détroit n'était pas le fossé insondable, la fosse commune qu'il deviendrait plus tard. Il était une passerelle que vous empruntiez à la dernière minute si l'envie vous en prenait. Et, d'un côté comme de l'autre, les envies ne manquaient pas.

Ces découvertes se déroulaient accompagnées d'une musique neuve à mes oreilles, celle du castillan. Outre la musique, ce qui me fascinait en regardant parler ses usagers, c'était le mouvement des lèvres et cette façon d'insérer entre les dents, à la vitesse de l'éclair, le petit bout de la langue pour prononcer certaines consonnes. J'avoue que, dans la bouche des locutrices, ce mouvement acquérait à mes yeux réjouis encore plus de charme.

Il en fut ainsi. Tanger la Haute, comme dit la chanson, m'avait mis la puce à l'oreille.

Après notre retour à Rabat, nous nous sommes installés dans le deux-pièces que nous avions loué rue Al-Jabarti, en bas de l'avenue Allai Ben Abdallah. Jocelyne, par une opération qui ne devait rien au Saint-Esprit, était déjà enceinte de notre premier enfant. Pas étonnant, car nos ardeurs étaient grandes, tellement grandes qu'elles nous ont occasionné quelques soucis avec nos voisins de palier qui ne comprenaient pas que la bagatelle pût se faire à cor et à cri, à des heures indues de surcroît. Dans l'appartement contigu au nôtre, habité par M. et Mme Valero, ou Petit-Pas (je confonds peut-être), le salon-salle à manger se trouvait être derrière la cloison de notre chambre à coucher. La tolérance de ce couple à notre égard était malgré tout grande, sauf une fois où ils recevaient du monde et qu'il leur a fallu, à coups de poing dans le mur, nous rappeler les règles de la bienséance. Ce n'est donc pas un hasard si nous avions baptisé notre nid d'amour «Le bateau ivre» et que nous en avons gardé par la suite une nostalgie impérissable.

Les joies de la chair ajoutées, pour un couple en phase de construction, à la houle tantôt câline tantôt déchaînée des sentiments nous prémunissaient contre les angoisses de type matériel. Au début du mois, quand l'argent rentrait, nous ne regardions pas à la dépense et nous nous offrions même une sortie au restaurant. Vers le milieu, nous commencions à nous refréner et, à la fin, nous avions recours, pour remplir la marmite de lentilles, de patates ou de pâtes, à la vente de nos vieux journaux et à la récupération auprès de l'épicier du prix de la consigne de nos bouteilles vides.

Avec la naissance du bébé, nous avons dû emménager dans un trois-pièces situé rue Jouinot-Gambetta, rebaptisée ultérieurement rue de Libye. Et c'est là que l'aventure de la revue *Souffles* a démarré.

Je passe sur les circonstances qui ont préparé cette autre naissance. Aux historiens de la littérature, si tant est qu'ils en aient envie, de s'atteler à cette tâche. J'en arrive directement à la constitution du groupe fondateur avec Mostafa Nissaboury (il orthographiait alors avec un « y » son nom) et Mohammed Khaïr-Eddine, joyeux lurons et poètes de la tête aux pieds. À l'évocation de ce dernier, et sans amoindrir en quoi que ce soit son génie littéraire, je ne résiste pas à la tentation de restituer une image précise que j'ai gardée de lui le jour où nous nous sommes rencontrés pour la dernière fois à Casablanca avant son départ en France. J'avais fait le déplacement pour l'une de ces réunions de travail qui se prolongeaient en général par une tournée de bistrots plus ou moins mal famés et se terminaient par des vadrouilles jusqu'à l'aube dans les artères du centre-ville afin d'insulter bruyamment les bourgeois et « contempler les architectures », comme nous nous plaisions à le dire dans un jargon de notre invention. Nous appelions « chacalisme » ces rituels et les excès qu'ils induisaient. Une manière de vivre dangereusement, un pied de nez à l'ordre établi, un doigt d'honneur à la langue poétique morte.

Ce jour-là, donc, nous nous étions donné rendez-vous tous les trois dans un parking où j'avais arrêté ma voiture. Khaïr-Eddine est arrivé d'un pas ferme, en dernier. Abrégeant les salamalecs, il sortit de la poche intérieure de sa veste une liasse de feuilles qu'il me tendit d'un geste théâtral en disant : « Tiens, Laâbi, lis ça, c'est très important ! » Je subodorais qu'il s'agissait de l'un de ses derniers poèmes, excellent probablement, mais j'eus du mal à contenir un fou rire face à cette façon de « présenter » les choses. Pendant ce temps, Nissaboury, davantage lié à Mohammed et connaissant mieux son tempérament, se contentait de suivre la scène avec un léger amusement. Sacré Khaïr-Eddine, il tenait tant à son statut de monstre littéraire !

Dès les préparatifs du premier numéro, l'équipe de la revue se renforça avec l'arrivée du groupe des peintres de l'École des beaux-arts de Casablanca. Farid Belkahia, son directeur, bien qu'impliqué, suivait un peu de loin le projet. Mohammed Chebaa et Mohammed Melehi prirent rapidement, quant à eux, les choses en main. L'originalité de la conception graphique, de la mise en pages, de la typographie leur devra tout.

Après la sortie du numéro, l'appartement de la rue Jouinot-Gambetta ne désemplissait plus. Lieu de réunion du comité de rédaction, il commençait à attirer tous ceux qui, à cette période charnière de l'histoire du pays, étaient en quête de renouveau culturel et d'insertion dans l'aventure de la modernité littéraire et artistique. Nous n'arrêtions pas de défaire et de refaire le monde, sans oublier, d'une livraison à l'autre, de poser pierre sur pierre pour ériger un édifice d'un genre inédit.

Dans l'équipe, les liens s'étaient resserrés et la complicité allait bon train. Nous partagions aussi des moments de loisir où nous nous lâchions en évoquant des aspects plaisants de nos histoires individuelles, de nos vécus dans nos villes et régions d'origine. Les récits de Melehi, natif d'Asilah, et de Chebaa, originaire de Tanger, attiraient plus particulièrement mon attention, je sais maintenant pourquoi. J'y découvrais l'expérience humaine d'une catégorie de concitoyens à part qui, ayant grandi dans ce que l'on appelait à l'époque coloniale la Zone nord, avaient appris à parler couramment l'espagnol. Contrairement à la Zone sud, où seule une petite minorité avait été instruite en français et où la population européenne ne se mélangeait pas avec les autochtones, la partie contrôlée par l'Espagne avait connu une forme de brassage par la base. La grande masse des Espagnols était constituée de petites gens qui, à Tanger ou Tétouan par exemple, habitaient les mêmes quartiers que les Marocains. Certes, l'ordre colonial régnait ici dans toute sa rigueur et les administrés n'en tiraient pas grand bénéfice quant à l'instruction de leurs enfants, mais il a eu pour conséquence une osmose réelle entre les populations des deux bords. Les gens du Sud, quand ils en ont eu la chance, ont appris le français dans les manuels scolaires alors qu'un nombre plus massif de ceux du Nord ont fait leur apprentissage de l'espagnol dans la rue et grâce aux liens de voisinage.

La dissemblance, terme que je préfère à celui en vogue ces temps-ci de différence, m'a toujours attiré. Ne m'étant jamais affalé sur le divan d'un psychanalyste, je n'ai d'autre recours que l'auto-analyse si je veux dénouer l'énigme d'une pareille attirance. Mais chaque chose en son temps.

Toujours est-il que la rencontre avec Chebaa et Melehi a inauguré pour moi une réflexion ininterrompue depuis lors sur les questions de l'identité, le processus de sa construction, le hasard et la nécessité régissant la mise en place de ses différentes composantes, les pièges meurtriers dans lesquels elle peut nous précipiter, les guerres intestines et civiles que sa manipulation par les idéologues de tous les messianismes finit par nous infliger.

Il y avait entre nous, outre des savoir-faire particuliers que nous mettions en commun pour déployer notre projet d'édifice intellectuel, des savoir-être dissemblables qui venaient enrichir et égayer notre vivre-ensemble la belle aventure.

L'une de nos joies était de découvrir comment chacun désignait dans son parler usuel en arabe des objets courants, des plantes, des légumes, des métiers, etc. Prenons le mot entonnoir. Pour Nissaboury, Casablancais pur jus même s'il est originaire du Sud, c'était *douaz*, le Fassi jusqu'à la moelle que j'étais ne le connaissait que sous le nom de *mehguen*, alors que pour Chebaa, Tangérois du fond des fonds, c'était plutôt *lambout* ! Nous qui ambitionnions de révolutionner la culture, il nous arrivait de nous adonner pendant une bonne partie de nos soirées à ce petit jeu et à d'autres du même tonneau qui nous faisaient nous tordre de rire comme des gamins.

Années de tous les rêves, et bientôt de tous les dangers. Les vents contraires de l'Histoire allaient se transformer en tornade. Le projet de *Souffles* avait atteint un cap intellectuel particulièrement exposé. Le bouleversement des idées que la revue avait opéré butait contre le roc de la réalité : un régime archaïque arc-bouté sur ses dogmes et ses privilèges, usant davantage de la matraque que de la carotte pour perpétuer son pouvoir absolu, ne voyant dans les libertés revendiquées et pratiquées dans le champ de la création culturelle qu'un facteur pernicieux de subversion à éradiquer d'urgence. L'opposition frontale était inévitable.

Peu enclin à régler des comptes, je ne parle que pour moi en avançant pareille analyse. Chacun au sein du groupe avait dû faire la sienne et emprunter par la suite le chemin de son choix. Le mien m'a conduit là où les idées ne s'arrêtent pas à leur énoncé et doivent, pour que la validité en soit éprouvée, être jetées dans la bataille. C'est à l'image des grains de cumin à propos desquels l'adage populaire dit : « Plus on les écrase, plus ils donnent de l'odeur. » Mais, avant de me retrouver au fond d'un pilon d'un autre genre où l'on écrasait dans le Maroc de Hassan II la chair et l'âme des insoumis, j'ai vécu pendant presque deux ans une double vie où j'ai joué à cache-cache avec le monstre tapi dans l'ombre.

Le fait d'être responsable d'une publication devenue vitrine intellectuelle du mouvement révolutionnaire naissant ne m'a pas empêché de participer à l'action clandestine tout en assurant mes charges de père de famille et d'enseignant au lycée des Orangers chahutant les programmes à la joie non dissimulée des élèves. Comment ai-je pu mener de front des tâches apparemment si inconciliables ? Combien d'heures avaient les journées et de minutes les heures en ce temps-là ? De quelles énergies insoupçonnées ai-je usé ? Aujourd'hui, je ne peux que m'en ébahir en saluant au passage ces miracles exceptionnels par définition que la vie nous permet de découvrir en nous.

Est-ce un hasard, là encore, si mes pas m'ont conduit vers le Nord quand l'organisation connue plus tard sous le nom d'Ilal-Amam et dont j'étais l'un des fondateurs m'a chargé de la coordination avec les cellules ouvrières de la région ? Tétouan, où nous étions le mieux implantés, allait devenir ma destination fréquente. Lors de ce travail obéissant aux règles strictes de la clandestinité, j'usais du nom d'emprunt de Chefchaouni et en gardais sous le coude un autre : Al Andaloussi (je n'invente rien), au cas où le premier viendrait à s'éventer. Mon enthousiasme était grand de rompre le cercle des relations où j'étais confiné jusqu'alors et d'aller à la rencontre d'hommes aux prises avec un vécu qui n'avait rien à voir avec celui des étudiants et des intellectuels. Plus encore de découvrir que le combat pour la justice et la dignité, l'aspiration à la liberté n'étaient pas des paroles en l'air et qu'ils correspondaient aux besoins réels de ceux qui subissaient directement l'exploitation et souffraient de tous les manques. Ce qui m'enchantait enfin était de renouer avec le parler simple, concret et imagé à la fois, des petites gens, celui-là même que j'avais gardé de mon enfance et que la culture livresque menaçait d'altérer.

La Peugeot 203 s'avérait d'une utilité à laquelle ma pauvre belle-mère, généreuse donatrice, n'avait sûrement pas pensé. J'allais à Tétouan deux fois par mois en moyenne. Et, pour maintenir les apparences, je me conduisais en dehors des réunions de cellule en touriste occasionnel attiré par les charmes de la région et les produits mirifiques de contrebande proposés sur tous les étals de la ville. Je rejoignais en soirée des connaissances et des amis éloignés de l'action militante, même s'ils soupçonnaient un peu les dessous de mes déplacements, vu leur fréquence.

En dehors de Tétouan, je faisais parfois un saut à Tanger où certains numéros de la revue étaient encore imprimés aux Éditions marocaines et internationales dirigées par un amoureux de la belle ouvrage, M. Delaunay. J'y retrouvais Mohammed Chebaa, assumant des tâches militantes dans un cadre différent du mien. Grâce à lui, j'ai pu m'aventurer dans l'arrière-pays et apprécier encore plus les agréments de la région. L'idée nous est ainsi venue de nous y retrouver en famille et passer ensemble les vacances d'été. Son choix s'est fixé sur Martil, où nous avons loué une maison située à une centaine de mètres de la plage. Je garde un souvenir ému de ces quelques semaines de l'été 1971, ne serait-ce que parce qu'elles ont été un moment de délicieuse insouciance avant la tourmente qui, le 27 janvier 1972, allait m'arracher de la terre ferme et m'engloutir dans un interminable tunnel pendant des années.

À l'époque, Martil était un village paisible, et sa plage peu fréquentée même pendant la haute saison. Dans la journée, nous allions nous baigner, à la grande joie des enfants. Le soir, nous dînions régulièrement dans une gargote au pied de l'eau et à la belle étoile. Nous autres « sudistes », que les « nordistes » appelaient curieusement *aâgueb*[1] (quelque chose comme les intrus ou les envahisseurs), étions vraiment aux anges. Nous nous régalions de sardines préparées dans des terrines en terre cuite appelées *tagra*, cuites sur des braseros, et d'un pain espagnol à la blancheur et au fondant inégalés dans ma ville d'origine. Un repas qui ne coûtait rien alors qu'il réjouissait à merveille notre palais et nos papilles. En cet été où le pays venait de vivre un coup d'État avorté et éminemment sanglant, nous dégustions ces moments de paix comme si nous avions l'intuition des calamités à venir.

Cela dit, vacances ou pas, les tâches militantes n'étaient pas oubliées. L'utile venait se rappeler à l'agréable. Quelques réunions ont eu lieu à la maison au nez des enfants ignorants des règles de ces jeux d'adultes. Abraham Serfaty, « en vacances » lui aussi dans la région, est venu nous rejoindre. Entre baignades et apéritifs, nous faisions analyse sur analyse et débattions des tâches de l'heure. Connaissant son Marx et son Lénine sur le bout des doigts, Abraham

---

1. *Aâgueb*, pluriel : *aâguibates*. Dans la mémoire des gens du Nord, cette expression est liée aux débuts de l'indépendance, quand, lors des visites royales dans la région, ils s'attroupaient pour voir passer le cortège officiel et se faisaient bousculer par la troupe chargée du service d'ordre. *Aâgueb !* (pousse-toi, recule !) s'entendaient-ils dire. Le mot, inconnu dans le parler du Nord, a ainsi servi à désigner par extension les gens du Sud.

(Dédé pour les intimes) balisait notre réflexion et l'éclairait d'une batterie inépuisable de références. Sa mémoire des textes, des dates, des événements au niveau tant national que mondial était prodigieuse. Sa conviction était qu'aucune lutte à n'importe quel point de la planète ne nous était étrangère et que ses leçons étaient nécessairement les nôtres. Pour le cas marocain enfin, nous étions parvenus à la conclusion que le pouvoir était aux abois. Notre combat en précipitait la décomposition et ouvrait aux masses écrasées la voie de l'initiative révolutionnaire.

Les discussions sérieuses n'excluaient pas la détente que nous procurait la joie des retrouvailles. Abraham avait l'œil vif, le rire franc et des appétits de jouisseur. De se retrouver dans cette région du pays l'émoustillait autant que nous. Il la connaissait à fond et parlait bien l'espagnol, complicité supplémentaire avec Chebaa que je leur enviais.

Mes souvenirs de cette période vont s'arrêter sur une découverte culinaire que je dois à Fatima, la compagne de Chebaa, un modèle de douceur dans la voix, le maintien, les gestes. Ce n'est que dans le rire qu'elle manifestait une certaine exubérance. Mais c'est à son talent de cuisinière que je voulais en venir, le nec plus ultra étant sa préparation de la paella. Ce qu'elle nous offrait après de longues manipulations d'alchimiste représentait à mes yeux la quintessence de l'art d'éveiller les sens gourmands dans le pays d'en face. Et voilà que, grâce à elle, cet art atteignait une perfection à faire pâlir l'original.

Il est vrai que certains nostalgiques font remonter l'origine de la paella à l'ère arabe de l'Andalousie en avançant des arguments étymologiques douteux.

Comptes d'épicier à vous couper l'appétit. Qu'importe l'origine si le plaisir est partagé, ô Martil, paradis perdu et retrouvé dans ces pages, ô Espagne, commensal attentif à mes soifs et mes fringales, me tendant encore et toujours son calice.

Près de quarante ans me séparent de cette tranche de vie pleine à craquer, mouvementée à l'excès, parsemée de moments radieux. Entre mon sosie d'antan, que je camperai volontiers sous la forme et dans l'attitude d'un centaure proche de celui que le signe du Sagittaire nous donne à voir, avec en sus une barbe fleurie, et le modèle que le miroir m'a renvoyé ce matin à l'heure des ablutions, qu'y a-t-il de changé ? Au physique beaucoup, plus pour la moitié homme que pour la moitié cheval. Le monstre qui se croyait immortel porte les stigmates des blessures qui lui ont été infligées au summum de sa vigueur. L'amplitude de son geste pour bander l'arc en direction des étoiles s'est rétrécie à cause de la polyarthrite et du manque d'exercice. Et au moral, alors ? Seuls les yeux sont capables d'en rendre compte. Manque de pot, nous parvenons à tout observer et à lire de nous-mêmes, sauf les yeux. Ce qu'ils transmettent nous échappe le plus souvent et seul un témoin extérieur peut le recueillir. Mais les gens, l'Autre, le lointain ou le proche, se donnent-ils vraiment la peine de lire dans nos yeux ? Reste l'œil intérieur qui voit au fond de nos ténèbres et grâce auquel la voix intérieure finit par trouver ses mots.

Celle-ci, on a pu le constater, s'est libérée de façon imprévisible depuis que j'ai mis les pieds en Andalousie, au point que le récit m'a grandement échappé des mains. Pour mémoire, j'étais en compagnie de mon ami Antonio et de Lola, sa collègue, et nous nous dirigions vers Jerez. « Les feux de la voiture fendaient une nuit d'encre »... quand, dans la chambre obscure de ma tête, une main bénie des écrivains en difficulté a envoyé les images.

À la fin de la projection, je me trouvais pour de bon à Jerez. Que dire de la ville et de ce que j'y ai vécu ? De la lecture au siège de la Fondation Caballero Bonald m'est restée, lors du débat l'ayant suivie, la sortie de l'un de mes compatriotes émigré dont la barbe envahissante avait sérieusement embrumé le cerveau. Selon lui, l'écrivain marocain se devait d'adapter son art à l'éducation et aux besoins de « l'homme musulman », ce à quoi j'ai répliqué que la religion de mes lecteurs était le dernier de mes soucis, et que c'était à l'universel de l'humain en eux que je m'adressais. Au nom de quoi mon art devait-il exclure par exemple l'homme japonais ? Plus agréable dans mes souvenirs, le festin auquel m'a convié Antonio dans un restaurant typique, et la discussion académique que j'y ai soutenue avec le patron, venu, à la fin du repas, nous tenir compagnie et nous offrir un dernier verre. Le sujet en était l'artichaut, spécialité de la maison lui ayant valu une prestigieuse distinction. Nous avons fait assaut de connaissances sur l'étymologie d'*alcachofa* et les différentes façons de le préparer. Je me suis surpris à lui réciter par cœur la recette du tajine d'agneau aux fonds d'artichauts, petits pois frais et citrons confits. Et, pour éprouver de façon décisive sa science, j'ai demandé si l'on trouvait ici la variété particulièrement goûteuse du légume en question : « fruit » de la plante que nous appelons *kharchouf* à Fès, il est épineux et plus petit, alors que le plus courant est donné par la *qannaria*, dont les tiges épluchées coupées en bâtonnets accompagnent le tajine de viande de bœuf aux olives et aux citrons. Il a bien confirmé l'existence de cette variété, mais le fait est qu'il ne nous a servi qu'un assortiment de la plus ordinaire.

De ce passage à Jerez, j'emporterai par-dessus tout l'émotion que j'ai ressentie en visitant le joyau de la ville qu'est l'Alcázar. J'ai sous les yeux la brochure en trois langues que l'on m'a remise à l'entrée. Je l'avais rangée dans ma poche sans la lire, comme cela m'arrive quand je vais au musée, au théâtre, ou que j'aborde un site touristique. Pourquoi donc ? Par esprit de contradiction, une seconde nature que je ne tiens pas à contrecarrer, et aussi par souci de ne pas conditionner mes sens, de les laisser s'imprégner librement de l'âme des objets et des lieux. C'est mon côté « barbare », prélogique, qui refuse de se plier à l'empire absolu de la raison et ne renonce pas à son propre mode, jugé archaïque, de connaissance. Pour appréhender le vivant se cachant sous l'inerte, il me faut m'écarter des chemins battus. C'est ainsi que l'ouïe et l'odorat constamment aux aguets avertissent la vue qui appelle le toucher sans lequel il n'est pas possible d'éprouver le goût. Le corps se laisse ingérer par ce qui s'offre à lui et commence à l'ingérer en retour, de l'intérieur. Il arrive alors que le fleuve du temps s'arrête. La mémoire prend le gouvernail et met le cap sur la source lointaine, là où l'œuvre de genèse a commencé. La voie d'une autre connaissance est ouverte.

À quoi m'aurait-il servi d'ouvrir la brochure et d'y lire que « l'Alcázar, érigé au XIIe siècle, constitue un des rares exemples d'architecture almohade existant encore dans la péninsule Ibérique » ? N'ai-je pas été mieux inspiré de me fier à mes sens pour entreprendre cette visite ? À l'intérieur de la petite mosquée si dépouillée, restaurée avec les soins dus à un tableau de maître, il m'a suffi de caresser subrepticement les briques ocre saillant d'une colonne pour que mes yeux s'ouvrent sur la grappe des mains en train de les superposer et que le chant des artisans anonymes accomplissant cette tâche parvienne à mes oreilles. À l'entrée du hammam, les verres de mes lunettes se sont embués, aurait-on dit. Les murs m'ont renvoyé l'écho des seaux remplis d'eau brûlante que les baigneurs traînaient, puis d'une invocation à la gloire du Prophète reprise en chœur. Et quand je suis sorti dans le jardin à visage humain, les bigaradiers et les oliviers m'ont fait un signe discret de la tête, les parterres de fleurs ont revêtu en vitesse une cape de cérémonie en soie mouchetée de papillons jaunes, violets, pourpres, un citron s'est détaché de sa branche et a roulé vers moi, l'eau coulant dans les rigoles m'a chanté une vieille comptine de l'enfance, la terre battue des allées, fraîchement arrosée, m'a donné envie de me déchausser et d'y insérer la plante des pieds pour que de là elle inonde mon corps de son souffle ardent et le gratifie de ses voluptés. Voici un lieu, me suis-je dit, où l'écriture me serait aisée !

J'étais là, nu et sans défense, comme il m'arrive de l'être avec la femme désirée et que je me sens comblé avant ce que l'on appelle sans beaucoup d'imagination « l'acte ».

Ce que je vivais n'était pourtant pas inédit. Près de quarante ans en arrière, en déambulant pour la première fois dans les rues de Grenade, j'avais éprouvé quelque chose du même ordre. Je m'étais arrêté devant l'atelier d'un artisan, intrigué par un objet auquel il apportait la dernière touche, une calligraphie arabe que j'ai déchiffrée sur-le-champ : « Seul Dieu est vainqueur » (*La ghaliba illa-llah*), la même inscription que l'on trouve reproduite à l'infini sur les murs dans toutes les salles de l'Alhambra. Avant d'acquérir l'objet en question (une petite porte en stuc peint), j'ai demandé à ce jeune artisan de me lire ce qu'il venait de dessiner. Il m'a avoué qu'il en était incapable car il se contentait de reproduire ce qui lui avait été transmis de père en fils.

Avec mon achat sous le bras, j'ai débouché peu après dans l'artère d'Alcaicería (tiens, tiens !) et là, à mon grand étonnement, je suis tombé sur un nom de rue encore plus familier : Zacatín ! D'un coup, le cours du temps s'est inversé, la terre s'est dérobée sous mes pieds et Grenade s'est déplacé à Fès. Mon double, un enfant appelé Moustique dans un récit antérieur, venait de quitter la Kissarya. Il traversait l'enceinte du mausolée de Moulay Idriss, saint patron de la ville, pour rejoindre Sakkatine, le souk de la corporation des selliers où son père Driss devait trimer à cette heure de la journée. Nous sommes à l'époque du Protectorat et l'enfant fait ses débuts à l'école primaire. Dans ses manuels, il découvre que son pays n'est qu'une patte de mouche sur la carte du monde. Rêveur invétéré, il pose au hasard son doigt sur des contrées et des continents aux noms étranges qu'il apprend par cœur. Il ne pense pas pouvoir prendre un jour l'avion, traverser les mers et les océans. Nourri de contes et de légendes, il désire acquérir plutôt des ailes pour fendre les airs et se gorger de la puissance des êtres surnaturels.

Les yeux rivés sur le nom de Zacatín, je ne savais plus où j'étais et à quel âge j'en étais. Les rêves s'emboîtaient dans les rêves. La terre avait tourné tellement vite, emportant dans son tourbillon les paysages et les saisons de la vie.

J'ai quitté Jerez par une matinée ensoleillée quoique un peu fraîche. Antonio et les autres ignoraient tout de mes cogitations. Comment aurais-je pu les leur résumer au moment des adieux ? Par quelles étreintes et tapes plus insistantes sur le dos aurais-je réussi à leur exprimer ma gratitude ? Chacun de nous est retourné à son quotidien avec le sentiment du devoir accompli. Le mien, de devoir, comme en témoigne ce qui précède, s'est prolongé au-delà de mes attentes et, j'ose espérer, des leurs. Il appartient au lecteur, ce sphinx redoutable, d'en juger.

Un mois plus tard, jour pour jour, j'étais en Palestine.

Bonjour, Jérusalem

Troisième et dernier arrêt sur image. Début mars. Mon séjour à Jérusalem et la tournée dans les territoires palestiniens. Les visites à Ramallah, Naplouse, Bethléem. Le choc reçu alors que je croyais ne rien ignorer de la situation que j'allais trouver. J'en suis encore meurtri. Mais mon mutisme là-dessus n'a que trop duré. Et c'est une autre longue histoire d'amour, tragique celle-là, que je vais devoir revisiter.

Par quel bout l'aborder ? Comment éviter les excès inhérents à une relation trop intime où je me suis impliqué à l'âge des choix et des passions sans partage ? Ce n'est pas d'aujourd'hui que je sais que ma conscience politique est née avec mon adhésion à la cause palestinienne et que celle-ci a déterminé mon engagement dans les combats ayant suivi, y compris ceux que j'ai menés dans mon propre pays. Par ailleurs, quelle place tiendra dans cette histoire la relation qui remonte pour moi à l'enfance et que j'ai héritée de la présence immémoriale des juifs au Maroc ? La nostalgie d'une intimité aussi vivace pourra-t-elle altérer ma vision du fond du problème, à savoir le déni de justice et l'oppression nationale que subissent les Palestiniens ? Comment ignorer que certains de mes anciens compatriotes juifs ainsi que leurs descendants participent eux aussi en Israël à cette politique et à ses cruautés ? Et ces cruautés doivent-elles m'aveugler sur l'innommable de la Shoah et ses traumatismes gravés au fer rouge dans la conscience juive ?

Je préfère mettre, d'entrée de jeu, toutes les cartes sur la table en sachant que la narration qui va suivre s'écartera du chemin de l'analyse pour farfouiller dans les replis de la mémoire et les entailles du vécu. Et tant pis si je tiens dans cette exploration le rôle de cobaye.

Bonjour Jérusalem !

Que de fois ton nom est revenu dans mes poèmes, et te voilà, en chair et en os, ballerine d'une danse sacrée où tu m'entraînes. À peine arrivé, je cours comme un fou et note fiévreusement dans ma tête. Drôle de témoin voulant ne faire qu'un avec l'objet de son témoignage et que celui-ci témoigne en retour de son passage. Ta danse s'accélère, et de ton corps je ne vois plus que des giclées d'images. De la musique d'accompagnement ne me parviennent que les accords d'un instrument que je n'arrive pas à identifier. De ce que tu me livres, je retiens tout, pêle-mêle, sans me préoccuper en priorité du sens.

Énigme tu es d'abord, ou plutôt chapelet d'énigmes que j'égrène : oriflamme blanche traînée dans la boue, cénotaphe de l'errant, rameau d'olivier privé d'eau et de lumière, sésame pour que s'ouvrent les cœurs et se reconnaissent les Justes, soleil levant au crépuscule, dalles lustrées plus par l'ardeur de la foi que par les pieds, murs de l'absurde et cailloux sataniques, oranges amères fruit des mains esclaves, tour de Babel renaissant de ses cendres, festival lugubre des habits en noir, lames tendres des yeux de jouvencelles mi-saintes, mi-courtisanes, visages burinés des vendeuses de radis à l'entrée de Bab el-Amoud, chichas antédiluviennes, hirondelles se trompant de saison, vraies et fausses alertes, écho de salves et génuflexions de défi à même l'asphalte, sourires forcés par pudeur, rires étouffés pour ne pas éveiller les soupçons, havres fragiles où l'arak et le *chich taouk* sont d'un certain secours, thym et cardamome pour parfumer les siestes, musée très clean du Prisonnier palestinien (lettres écrites sur papier pelure passées en contrebande, mille recueils de poèmes sur le même thème obsessionnel, photos de martyrs vivants), lit grinçant de la chambre d'hôtel, réveil à l'aube pour surprendre l'unique instant de paix, café turc-grec-arabe servi par des mains chrétiennes, pain *tabouna* et son alter ego grillé, jus de lime sucré-acidulé, carrousel des petits bus desservant des villages fantômes, bilinguisme paradoxalement strict des panneaux indicateurs, journaux noyés jusqu'au cou dans l'événement local, gamins au regard malicieux ployant comme de doux ânes sous la charge de leurs sacs d'écolier, palais pompeux des représentations consulaires, carrés de souveraineté française remontant aux croisades, rues subitement désertes aux abords des frontières religieuses, une ville comme les autres et pas comme les autres, affolée ou folle, ne sachant où elle commence ni où elle se termine, pieuvre se rétractant et se décontractant au gré des insomnies meublées de cauchemars sous un ciel troué de constellations plus lisibles qu'ailleurs, Esplanade à l'abandon de la mosquée irréelle, jalousement gardée, Dôme aux ors tristounets, Rocher emmitouflé dans des bâches en plastique souillées par les pigeons, cheveu ou poil du Prophète interdit aux regards, larmes amères de la dame gardienne implorant de l'aide, photos-souvenirs de quelle perte, quelle gloire ?, mont des Oliviers et sa vue plongeante sur les immenses gradins de tombes tolérées provisoirement ou réservées de droit pour l'éternité, clochers vissés sur leurs trônes de souverains en exil, chaque bout de muraille, chaque crevasse dans les murs, chaque pierre debout ou couchée, chaque arbre a une histoire éminemment controversée et, pour comprendre quelque chose à ce que l'on voit et entend, il faudrait être un érudit hors pair, versé dans une multitude de sciences dures et molles, sans oublier les occultes, c'est que l'ignorance ne pardonne pas ici, elle peut vous coûter votre maison, votre champ, et de fil en aiguille votre patrie, la bataille des légitimités dirait l'autre, Yurashalim, Al Qods, parle-t-on de la même chose ?, certes le rapprochement n'est pas évident, pourtant en musique les notes sont universelles même si les interprètes ont des styles et un sens du rythme différents, on arrive s'agissant d'élévation des âmes à communier malgré tout, des jeunes Palestiniens et Israéliens y sont arrivés, mais on oublie vite les miracles, peut-être parce que l'on est dans un coin du monde où l'histoire mythique en a servi à profusion au point que les gens ont saturé, d'aucuns préfèrent trouver dans les fouilles archéologiques et les murs en béton une réponse, d'autres faute de pelleteuses et d'autorisations de travaux pour aménager leur prison n'ont de choix que la mort déclinée comme attestation de vie, d'existence serait plus précis, la quadrature du cercle, figure géométrique maudite que rien ne semble ébranler, ô Jérusalem, maintenant assoupie, à quoi rêvent ceux parmi tes enfants qui ne croient encore en rien, anges plus vrais que ceux qui ont des ailes, suçant leur pouce, serrant entre les bras leur peluche, susurrant leurs premiers mots d'arabe, d'hébreu, d'arménien, de russe... et de je ne sais combien de langues où les grands expriment toujours spontanément la joie, la douleur, et entretiennent quelques bribes d'une mémoire exposée à la dispersion, et moi de quoi vais-je rêver au cours de cette première nuit si jamais j'arrive à m'endormir après avoir nourri la ruche vorace qui s'est logée dans ma tête ?

Bonne nuit, Jérusalem !

À quatre heures du matin, je suis réveillé. Jocelyne dort de son sommeil qu'à l'exception des piqûres de moustiques rien, même pas un tremblement de terre, ne saurait déranger.

Je tends l'oreille en espérant renouer ici avec l'émotion que j'ai ressentie pour la première fois à l'aube quand j'étais à Istanbul, il y a de cela vingt ans. Une émotion surpassant celle que j'ai eue en visitant la Mosquée bleue, Sainte-Sophie et la Süleymaniye réunies. C'était l'appel à la prière. Les voix des muezzins, légèrement décalées, montaient en un subtil crescendo et s'entremêlaient en un concert d'une perfection harmonique égalant à mon goût les plus grandes symphonies. Le chant s'est inséré en moi à partir de la plante des pieds pour remonter le long du corps, puis il m'a enveloppé comme d'un drap chaud avant de me soulever au-dessus du lit et me maintenir en état de lévitation jusqu'au dernier trémolo de la dernière voix. J'en avais la chair de poule. Depuis, j'aime l'aube, toutes les aubes, et attends d'elles, quand je les surprends, de me faire revivre cet état de grâce.

J'attends toujours. Il fait froid et je devine, à un vague écho, qu'il pleut dehors. Les murs sont d'une épaisseur inhabituelle pour une chambre d'hôtel. Inhabituelle aussi la hauteur du plafond. Le parterre est constitué des mêmes dalles énormes que j'ai vues la veille en visitant le Saint-Sépulcre. Mes yeux virevoltent dans un clair-obscur reproduisant à l'identique celui des peintres flamands, favorisant l'émergence de visages énigmatiques, d'attitudes et de gestes à méditer, d'auras reliant en une gradation imperceptible l'anecdote à l'histoire, la vie au mystère.

Finalement, un mince filet de voix troue péniblement l'opacité du silence, suivi de répliques éparses. Un chant presque à contrecœur, attestant l'unicité d'un dieu apparemment moins clément que celui glorifié par les muezzins turcs, célébré par eux dans l'apothéose.

Et me voilà, par réflexe conditionné, renvoyé encore une fois à l'enfance.

Mon lien avec les juifs précède de loin celui avec les Palestiniens.

Enfant davantage de la maison que des rues, je n'avais pas dans le Fès de la fin des années quarante la moindre possibilité de soupçonner les événements qui venaient d'agiter le monde. Bien plus, je n'avais qu'une vague idée de la tourmente politique que le pays et la ville où je vivais traversaient, quand bien même j'ai vécu dans ma chair l'un de ses effets traumatisants. À l'école, ce que je percevais du monde dans mes manuels et d'une humanité distincte au contact de mes instituteurs français relevait du fantastique. Mais dans ce que j'observais du réel, lors de mes allées et venues à l'école, au cours des jeux dans notre quartier et des promenades dans la partie de la ville désignée par mes parents comme territoire au-delà duquel il n'était pas conseillé de s'aventurer, j'ai découvert par la force des choses qu'en dehors de notre communauté des croyants il en existait une autre, constituée par des gens d'une confession différente. Ils habitaient dans un quartier périphérique de la médina appelé mellah, et certains d'entre eux s'aventuraient intra muros pour vaquer à diverses activités, l'une d'elles étant la récupération des vêtements usagés et du fil des broderies en or. Autrement, ils étaient particulièrement recherchés pour leur savoir-faire de tapissiers et de matelassiers. Dans ce cas, chose étonnante, ils étaient admis à l'intérieur des maisons et les femmes les accueillaient en l'absence des hommes, le visage à découvert ! Habillés en djellabas courtes de couleur noire, chaussant des babouches, ils ne se distinguaient que par leur coiffure (une calotte noire au lieu d'un tarbouch rouge). Ils parlaient un arabe semblable au nôtre, même si nous le trouvions un peu nasillard et nous étonnions de la façon dont ils avalaient les consonnes et prononçaient de travers certaines d'entre elles, le « s » à la place du « ch » et vice versa, à la manière des habitants de Meknès. Leur réputation en matière de magie et sortilèges était établie. Beaucoup d'entre nous, adeptes sans foi ni loi de telles pratiques, faisaient le déplacement au mellah pour des consultations aux résultats souvent probants, selon la rumeur.

Ma connaissance du phénomène n'était pas basée sur le simple ouï-dire. Il se trouve que mon oncle maternel Driss habitait pour une raison qui m'échappait au mellah, dans une maison dont il partageait les pièces avec des familles juives. Quand il venait nous rendre visite, nous étions heureux d'écouter cet homme à l'embonpoint respectable, de nature joviale, féru de politique qu'il expliquait (mais cela nous passait par-dessus la tête) comme un jeu d'échecs, où il était imbattable. Avec ce petit doigt, ne se lassait-il pas de répéter, je peux faire tourner le globe terrestre ! Il était particulièrement en verve quand il abordait le mode de vie de ses colocataires et détaillait leurs us et coutumes. Imitant à la perfection leur accent, il nous faisait nous tordre de rire en rapportant les pratiques étranges entourant chez eux la naissance des enfants et les cérémonies funèbres, ou quand il nous décrivait par le menu les rites de la prière, la célébration des mariages et des fêtes religieuses. Dans ses propos, la vérité si je mens, je n'ai jamais perçu quelque relent de méchanceté ou de mépris. Il semblait plutôt réjoui de relever ces différences qui meublaient ses heures creuses, alimentaient ses talents de conteur et d'ethnologue improvisé.

À son crédit, je peux ajouter un élément déterminant de la morale qui nous avait été inculquée : partager la nourriture avec quelqu'un vous lie à lui de façon indissoluble. Et Driss nous en a relaté, des occasions où il faisait porter à ses voisins une partie des mets que sa femme avait préparés en prétextant que c'était juste pour goûter, et d'autres où il recevait en retour des plats dont il nous apprenait la composition et les assaisonnements. Certes, il avait une dent contre le pain azyme (*rqiqa*), qu'il moquait en le qualifiant de « pain du vent » tant il était léger, rien à voir avec nos galettes opulentes, savoureuses, qu'on mangerait sans accompagnement, mais pour ce qui était par exemple de leur plat vedette, la *skhina*, il convenait que, même si elle était un peu bourrative, elle ne manquait pas d'ingéniosité dans sa préparation et de vertus nutritives. Le fait est que les préjugés de cet homme étaient largement compensés par ses ouvertures et sa saine curiosité de l'autre.

Ces qualités l'ont-elles entraîné jusqu'à accepter de ses voisins un petit verre de mahia, ce nectar d'eau-de-vie aux figues, va savoir ! Pardon, oncle Driss.

Il en allait tout autrement de certains propos que j'entendais à la maison et d'un comportement précis sur lequel ma mémoire n'a pas pu faire l'impasse. Dans mon milieu, le qualificatif de juif était une insulte courante, presque un automatisme verbal. Ainsi, lorsque quelqu'un était accusé de ne pas être sincère, de manquer de probité, il ne trouvait rien d'autre pour se défendre que de s'exclamer : Suis-je un juif ? Plus près de moi, quand mes bêtises mettaient ma mère à bout de nerfs, il lui arrivait de me traiter de « fils et petit-fils de juif » et prier par la même occasion Dieu qu'il m'affecte de la fièvre glacée, du typhus noir et autres joyeusetés. Et c'est peut-être de là que viendrait la vigilance que j'ai acquise plus tard. Le chapelet d'insultes et de malédictions que ma mère agitait au-dessus de ma tête comportait parmi ses nombreux attributs celui de djinn, de fils du péché, d'engeance d'apostat, d'héritier d'Iblis, et me renvoyait à une sorte de péché originel commis par je ne sais qui, à ma naissance. Aussi, pas plus que ces accusations le qualificatif de juif n'avait pour résultat de me rabaisser à mes yeux. Compatissant malgré tout à l'égard de ma mère, je reprenais à mon compte ce qu'elle affirmait quand elle revenait à de meilleures intentions : « Dans la langue, il n'y a pas d'os. » À l'instar de Monsieur Jourdain, je commençais à pratiquer la relativité sans le savoir. Aucune de ces attaques ne parvenait à me culpabiliser et les noms d'oiseaux qui m'étaient prêtés ne m'ont jamais vraiment blessé. Au contraire, je me surprenais à leur trouver un certain charme, et même à m'en octroyer les pouvoirs occultes. Ma différence était en train de se construire.

Plus troublant pour moi, un fait précis dont je ne suis pas sûr d'avoir été le témoin oculaire. Là, je suis en butte aux caprices de la mémoire, voire à sa perfidie. Ai-je réellement vu ou n'est-ce qu'illusion créée par ce que l'on m'a tant de fois raconté ? Toujours est-il que le fait est établi. L'un des « jeux » de nos adolescents consistait à attaquer le quidam juif qui s'aventurait dans nos ruelles afin de lui subtiliser sa calotte. Et de calotte, il en fallait deux pour confectionner un ballon que nos chenapans rembourraient de chiffons et de chutes de diverses laines récupérées dans les ateliers de tisserands du quartier. Les parties de football pouvaient ainsi reprendre avec une acquisition neuve, à moindres frais.

Ai-je été conscient de la cruauté de tels actes ? Par comparaison, ai-je été indigné quand ma grande sœur Fatma, à la suite de je ne sais quelle atteinte au code de conduite en vigueur, avait été fouettée, avec une corde trempée dans l'eau pour être plus efficace paraît-il ? Rien n'est moins sûr. Dans l'un et l'autre cas, j'étais dans l'incompréhension et ressentais tout au plus une gêne.

À l'adolescence, mes pieds s'étant rallongés, selon l'expression populaire, j'ai commencé à sortir de la médina en compagnie d'amis pour aller en Ville nouvelle. L'objectif était double. D'abord les cinémas du quartier européen, où la programmation était particulièrement alléchante. Les cinémas Lux, Rex, Le Bijou, L'Empire projetaient des films que nous ne pouvions pas espérer voir dans nos salles de la médina. En plus de leur grande variété, ils comportaient des scènes opérant des brèches dans la pudibonderie en cours. Les baisers entre le héros et l'héroïne entraient dans les détails et la belle n'hésitait pas à dégrafer son corsage et dénuder des attributs encore plus convoités de son corps. Notre éducation sexuelle, faute de mieux, passait par là.

Après la séance, le deuxième objectif était le paseo le long de l'avenue principale, fraîchement débaptisée pour porter le nom du roi Mohammed V, revenu triomphalement de son exil.

Échauffés par ce que nous venions de voir, nous montions et descendions cette avenue dans l'espoir d'avoir «une touche», comme on le disait à l'époque, avec les filles de notre âge, qui elles non plus ne se retrouvaient pas là par hasard. Parmi elles, il n'y avait pour ainsi dire pas de musulmanes. Les juives, par contre, étaient légion et « faisaient le boulevard » presque en service commandé. Maquillées déjà, attifées, pomponnées, en petit ou grand décolleté, elles nous faisaient tourner la tête. Mais nous savions que nos ambitions avaient peu de chances de se concrétiser. Le mieux à espérer, c'étaient une rencontre opportune des yeux, un regard appuyé, le cadeau d'un sourire ou d'un petit rire signifiant l'assentiment à un compliment bien tourné.

De la médina à la Ville nouvelle, il y avait une bonne trotte qui ne nous rebutait guère. Nous pouvions certes prendre le bus mais, outre la dépense qui nous faisait hésiter, la virée aurait été moins pittoresque à nos yeux. Nous n'aurions pas traversé les jardins luxuriants de Jnane Sbil, le quartier de Fès Jdid, réputé pour ses grilleurs de pois chiches, et, dernière étape avant destination, le mellah.

Dans ma mémoire, curieusement, je ne retrouve plus la bande de mes amis lors de mes passages par ce quartier. Je suis plutôt en compagnie de mon frère aîné, Si Mohammed, et je le vois s'arrêtant devant les échoppes de bouquinistes, faisant son choix dans les piles de revues et de livres, en marchandant âprement le prix avant de les acquérir. Sa boulimie de lecture m'impressionnait. Je nous vois, après les emplettes, attablés dans une gargote et mangeant des spécialités inconnues à la maison : rate farcie, saucisses de foie, rognons blancs, poivrons frits acidulés et très aillés qu'avant d'avaler nous trempions dans une sauce emportant la bouche. Si ma mère l'avait su, elle aurait poussé les hauts cris. Aussi, j'avais le sentiment, en m'adonnant avec grand appétit à ces petites agapes, de commettre une transgression et pourtant n'en concevais pas la moindre culpabilité.

J'étais au mellah dans une sorte d'extraterritorialité, un domaine où je faisais mes premiers pas vers une liberté dont le besoin devenait impérieux. Mon frère Si Mohammed semblait avoir bien capté mes désirs enfouis, lui qui n'a pas hésité un jour, au sortir du mellah, à m'entraîner dans un bar de la Ville nouvelle, le Rex, tenu par Madame Mercedes, et à me commander une bière que j'ai bue sans trop d'hésitation, avec toutefois le sentiment de foncer tête la première sur un camion en marche.

Ces péripéties m'inspirent la réflexion grave que voici : le destin d'un homme pourrait n'être que le résultat de la somme de ses découvertes marquantes. Voyons voir si la suite des événements viendra confirmer ou infirmer une thèse ni plus ni moins hasardeuse qu'une autre.

Pourquoi diable ai-je du mal à me départir de ma pudeur ? Allons, un petit effort !

Les allusions à mes penchants cinématographiques d'adolescent et aux résultats forcément nuls de mes velléités donjuanesques révèlent un manque alarmant de travaux pratiques. Comment aurais-je pu faire équipe avec mes consœurs musulmanes ? La mixité n'était pas encore au programme. Je me contentais de partager avec elles une virginité éclatante et ne savais à quel saint me vouer pour me débarrasser de ce qui était considéré comme le capital le plus précieux pour les filles, et une tare pour les garçons.

La « sainte » qui allait exaucer en partie mes vœux se trouva être, par un hasard calculé du destin, une adolescente juive de mon âge. C'était pendant les vacances scolaires de l'été et, pour la première fois, j'eus la chance d'aller à Casablanca où ma sœur Zhor avait élu domicile, peu après son mariage avec Si Tahar, homme d'affaires, son aîné d'au moins trente ans, par l'entremise duquel j'avais obtenu un travail de vacataire au port de la ville. Au cours des deux mois qu'a duré mon séjour, j'habitais l'hôtel Mon Rêve, juste derrière le marché central. Je n'ai pas tardé à découvrir que la rue où il se situait était l'une des plus chaudes du quartier. Je m'en réjouissais intérieurement en me disant : La délivrance est proche !

Mais la timidité ne m'aidait pas, et surtout la crainte du scandale au cas où quelqu'un (un parent, un ami de la famille, un agent véreux de l'autorité) m'aurait surpris en flagrant délit, sans parler du tour pendable que pouvait me jouer l'une de ces jeunes vendeuses d'amour qui faisaient le pied de grue en bas de l'hôtel, n'arrêtaient pas de se chamailler, en arrivaient parfois aux mains et à jouer du couteau pour vider leurs querelles.

La chance finit par me sourire de façon inattendue. Lors de mes allées et venues au travail, j'avais croisé à maintes occasions une jeune fille apparemment bien éloignée de ces activités vénales, et il ne m'avait pas échappé qu'elle répondait du tac au tac à mes regards appuyés, le maximum dont j'étais capable. Un jour, probablement lasse de mes hésitations qu'elle devait trouver stupides, elle m'aborda sans plus de cérémonie et, abrégeant les préliminaires, me proposa d'aller voir un film ensemble. Sur le chemin du cinéma, nous fîmes rapidement connaissance. Que je sois arabe et elle juive ne nous arrêta pas une seconde. À ma stupéfaction, je l'entendis me déclarer que si elle avait pris les devants, c'est que je lui plaisais. J'étais troublé et au fond de moi ravi de cette inversion des rôles.

Une fois dans la salle obscure, nous abandonnâmes la projection aux cinéphiles pour nous occuper de nous-mêmes. Et quand je dis nous, j'exagère puisque c'est à elle que revint l'initiative. Du baiser sur les lèvres dont je ne connaissais que la mécanique externe, elle me révéla les prolongements tentaculaires et les vibrations internes. À un moment, elle s'empara de ma main et la guida vers son trésor intime. Devant mon inexpérience, elle écarta mes doigts, en choisit l'index qu'elle se mit à frotter contre la membrane pulpeuse d'un escargot débarrassé de sa coquille. Puis, pour me rendre la pareille, elle s'occupa de la membrane mienne, autrement plus conséquente, et l'entoura de soins divers jusqu'à sa satisfaction totale.

À la sortie du cinéma, déboussolés que nous étions, nous nous séparâmes sur un simple au revoir. Promesse sans lendemain. Quelques jours plus tard, je quittai l'hôtel Mon Rêve et pris le train pour Fès.

Les années suivantes n'ont pas été trop fastes de ce côté. Mais bon, j'ai connu des travaux pratiques plus aboutis, encore que moins glorieux que l'expérience fondatrice narrée ci-dessus avec un plaisir certain.

Il faudra attendre mon arrivée à Rabat et les premiers pas dans la vie universitaire pour que des sentiments plus subtils viennent disputer aux pulsions sensuelles la gestion des affaires du corps et du cœur.

La classe de première année (propédeutique) m'offrait un terrain de promiscuité longtemps rêvé.

Certes, la parité garçons-jeunes filles n'était pas atteinte et le choix offert par les étudiantes un peu restreint une fois qu'on avait enlevé les deux nonnes voilées (à l'époque, les musulmanes ne disputaient pas encore aux chrétiennes ces signes ostentatoires) et les quelques éléments féminins qui affichèrent dès le départ la couleur en réduisant au minimum vital les contacts avec le sexe opposé. Mais, comparé à l'apartheid d'antan, le bain de mixité où je fus plongé me paraissait une manne providentielle.

Instinctivement, certaines choses commencèrent à changer dans mes attitudes, mes gestes, ma façon de m'habiller, et jusqu'à mon langage. Le regard sur soi est en quelque sorte aveugle quand on est en compagnie exclusive des hommes. Par contre, quand elles sont présentes, les femmes braquent sur vous un miroir grossissant de vos défauts physiques, de vos maladresses et faiblesses, du niveau moyen ou de la platitude de vos mots d'esprit. Vous vous surprenez alors à vous surveiller, à tourner au moins trois fois la langue dans votre bouche avant de parler, à chercher parmi les mots de sens voisin la nuance faisant la différence, à ordonner vos gestes et régler votre voix sur la tonalité adéquate, à contrôler autant que faire se peut les expressions de votre visage et les mouvements de vos yeux. Vaste programme qui, par le biais de la relation à l'autre, vous amène à un vrai travail sur vous-même et vous permet de construire peu à peu la personne que vous allez devenir.

La conscience de tels enjeux a besoin d'un détonateur et, dans le cas qui nous occupe, d'une détonatrice. Sortant du lot des étudiantes par une spontanéité contagieuse, celle qui avait été inscrite à mon adresse dans les Planches gardées se trouva être, par un deuxième hasard calculé du sort, la petite-fille du grand rabbin de Meknès !

Mon abonnement aux produits féminins de la cité de Moulay Ismaïl est donc antérieur à mon mariage avec la fille des Lécuelle, patronyme que ma promise trouvait déplaisant, car il prêtait le flanc aux quolibets vu l'histoire de la chèvre de Monsieur Seguin, et dont elle se débarrassa allégrement suite à notre union scellée et célébrée comme on le sait à Meknès.

Contrairement à l'affirmation de Rimbaud, « on n'est pas sérieux quand on a dix-sept ans », je prenais quant à moi les choses très au sérieux à l'âge de dix-huit. Aussi mes relations avec celle que je désignerai par l'initiale de son prénom, P., vont-elles s'inscrire rapidement dans un registre ordonné et miné par la fatalité. Dès les premiers jeux de l'esprit suivis de ceux de l'amour, nous savions elle et moi que nous nous engagions dans un tunnel à l'issue incertaine. Mais nous n'en avions cure. La passion était là, narguant les murs de la séparation et des incompréhensions. L'histoire des amours contrariées nous offrait de solides références, et puis merde, nous étions au vingtième siècle, scène animée de tous les combats émancipateurs.

Elle était franchement pro-sioniste, et moi déjà alerté par l'injustice faite aux Palestiniens, désignés alors davantage par le terme de réfugiés que par celui de peuple. Sur ce chapitre, nous nous opposions clairement, avec toutefois un effort de compréhension des conditionnements par nos milieux respectifs. Nous étions en quête d'un terrain d'entente où la justice ne pâtirait pas des solidarités affectives. P. m'initia à l'alphabet hébreu et j'appris vite à transcrire son prénom, ou des mots comme casher. Je lui lançais un

Shalom ! en guise de salut, et elle me le rendait en arabe, langue maternelle commune. De son côté, elle ne manifesta pas de réticence quand je lui proposai un jour d'aller à Fès pour la présenter à ma famille. Dès notre arrivée, les appréhensions qu'elle pouvait avoir s'envolèrent à la façon dont mes parents l'accueillirent et aux soins dont ils l'entourèrent.

De cette visite initiatique elle revint transfigurée, et son pro-sionisme sévèrement malmené. Pendant ce temps, la rumeur provoquée par notre relation s'était répandue à Meknès telle une traînée de poudre. La famille élargie de P., réunie en conseil de guerre, ne tarda pas à nous adresser un ultimatum. Il fallait régulariser la situation sous peine de sanctions sévères visant au premier chef leur fille indigne. Que pouvions-nous faire sinon obtempérer ?

L'homme providentiel qui vint à mon secours fut mon frère Aziz. Alerté par le scandale, il me sonda sur la nature de mes sentiments avant de décider de m'accompagner à Meknès dans le but de sonder les intentions adverses et chercher la solution où il n'y aurait pour aucune des deux parties ni dommage ni damnation.

L'accueil que nous reçûmes, sans être discourtois, ne fut pas des plus chaleureux. À la mine de quelques personnes (surtout les femmes), je compris qu'elles venaient de sécher leurs larmes. D'autres, après avoir ouvert de grands yeux à notre apparition, mon frère et moi, nous regardèrent plus normalement après avoir constaté que notre différence avec eux quant au physique et à la tenue vestimentaire était inexistante et, dès que nous commençâmes à parler, que notre français était aussi soutenu que le leur. Une fois effacés les premiers préjugés, nous en vînmes à plus sérieux.

Il n'y avait d'issue, selon le porte-parole de la famille de P., que dans le mariage, et de mariage que par ma conversion à la religion juive. La démarche auprès du Consistoire israélite devait se faire, le plus tôt était le mieux.

Que s'est-il passé dans ma tête à l'annonce de ces conditions draconiennes ? Un vrai tournis. Moi qui avais pris de sérieuses distances avec la religion de mes ancêtres, pouvais-je pousser la « trahison » jusqu'à en épouser une autre ? Sur un plan plus concret, mes beaux-parents hypothétiques mesuraient-ils le risque mortel encouru par un musulman en cas de conversion, même à une autre religion du Livre, assimilée à l'apostasie ? La solution serait-elle de quitter le pays et d'aller vivre ailleurs ? Mais alors où, comment, avec quels moyens et pour quel avenir ? L'absurde de la situation m'avait plongé dans un labyrinthe qui tournoyait en se rétrécissant autour de moi. L'air vint à me manquer. Un nuage noir envahit mon cerveau et je perdis connaissance.

Je repris mes esprits dans une chambre vide sauf de mon frère Aziz. À sa mine dépitée, je compris que la messe avait été dite. Nous n'avions plus qu'à quitter les lieux et accepter de rentrer bredouilles.

Malgré tout, de retour à Rabat, nous nous revîmes, P. et moi. Les vacances s'annonçaient, et nous nous disions qu'un tel répit était le bienvenu, en attendant des jours meilleurs. Sa famille était divisée sur l'affaire en deux camps inégaux et, sait-on jamais, celui de la minorité tolérante parviendrait à force de persuasion à renverser la vapeur. Il n'en fut rien. Le voyage hors du Maroc que P. devait entreprendre par bateau cet été-là servit de prétexte à sa famille pour l'éloigner définitivement de moi.

N'ayant reçu aucun message d'elle, je n'ai appris sa disparition qu'à la rentrée universitaire. Est-ce mon ami Acoca, mon confident tout au long de l'aventure, qui m'a rapporté, la mort dans l'âme, l'histoire rocambolesque à la suite de laquelle P. se retrouva en Israël après avoir été droguée au cours de la traversée vers une autre destination ? Je ne sais. Et puis, quel crédit accorder à cette version ? Quoi qu'il en soit, les dés, pas du hasard cette fois-ci mais de la main inflexible de l'intolérance, avaient été jetés.

J'ai su plus tard que la vie de P. en Israël ne s'était pas déroulée conformément aux desseins de sa famille. Elle avait notamment adhéré au mouvement des Panthères noires et participé à des combats en faveur des Palestiniens, aux antipodes de ses premières convictions. De mon côté, l'amour avait de nouveau croisé mon chemin et dirigé mes pas vers son vaste continent. Pour ne pas changer, je suis retourné à Meknès pour prendre femme, celle encore mienne à l'écriture de ces lignes.

Pied de nez au Mur

Qui sait si l'on ne me reprochera pas d'avoir prêté ma plume à une inversion des priorités en évoquant d'abord mes liens passés avec les juifs alors que le sujet était le présent tragique des Palestiniens ?

À cela, je n'ai à opposer que la bonne foi de celui qui cherche à comprendre en partant de son vécu comment ses idées et ses convictions se sont constituées. Je crois que mon adhésion à la cause palestinienne aurait comporté une zone d'ombre si j'avais fait l'impasse sur mon intimité avec les juifs. C'est en assumant pleinement mes liens avec les uns et les autres que j'en suis arrivé à une ligne de conduite où le soutien sans faille à la lutte de libération d'un peuple exclut toute dérive dans la stigmatisation de son oppresseur. Aujourd'hui comme hier, je continuerai donc à dénoncer les crimes de l'État d'Israël, son inqualifiable mépris de la justice et du droit, l'impunité dont il bénéficie, et à combattre avec la même force les discours et les actes antisémites d'où qu'ils proviennent et quels qu'en soient les responsables.

Et, pour mieux faire comprendre cet engagement à double tranchant, je dois rendre compte de la blessure encore ouverte dans l'histoire du Maroc contemporain provoquée par le départ massif des juifs en un laps de temps relativement court. Rien qu'entre 1958 et 1962, cent mille d'entre eux avaient quitté le pays. À la veille de l'indépendance, la communauté était au nombre de trois cent mille, sur une population totale de huit millions. Trois décennies plus tard, elle sera réduite à quelques milliers de personnes.

Ce n'est pas d'aujourd'hui que je réfléchis à ce cataclysme qui a vu une partie d'un peuple se détacher brusquement de l'autre après plus de deux millénaires de vie commune. Je ne reviendrai pas sur les enjeux politiques et religieux de l'exode, son scénario cynique, les trafics sordides auxquels il a donné lieu. Il y a là-dessus, pour m'en dispenser, des études sérieuses. Ce que je retiens, c'est la vacuité qu'une telle fêlure a occasionnée dans la mémoire collective, le corps social et culturel du pays. Pour moi, elle s'apparente à une amputation et à la sensation bien connue chez les grands amputés de l'absence-présence de la partie qu'on leur a retirée. À des signes divers, je pense que le pays ne s'est pas encore relevé de cette saignée.

Imaginons un instant ce qu'aurait pu être le Maroc actuel si sa communauté juive était restée intacte et s'était développée en parfaite symbiose avec les autres composantes de la société. Que de savoir-faire, que de talents auraient été investis dans un projet audacieux de modernité et de construction démocratique, alors que celui qui est âprement débattu de nos jours s'éternise dans la transition ! La nature même de l'État marocain en aurait été transformée. Quant à la culture, elle aurait bénéficié de l'épanouissement de l'un de ses rameaux les plus anciens et féconds.

Tristes sont les sociétés « épurées » où l'Un devient le seul horizon de tous. Subissant les méfaits de l'endogamie intellectuelle, elles finissent par accoucher de monstres. L'Histoire et ses agents aveugles n'ont donc pas fait de cadeau au Maroc. Ils l'ont dépouillé d'un élément majeur de sa diversité qui aurait pu, une fois la souveraineté reconquise, le mettre en meilleure situation pour construire une identité plus ouverte et un projet de société où l'option de la laïcité, par exemple, aurait eu plus de raisons et de chances d'aboutir.

On ne m'empêchera pas de penser, dans une telle perspective, que le miracle civilisationnel qui s'était produit en Andalousie dix siècles auparavant aurait pu se reproduire en terre marocaine en plein XXe siècle, sous de nouvelles formes et à une autre échelle.

Quoi qu'il en soit, force est de constater que le Maroc est le seul pays arabe et musulman où ce type de réflexion existe encore. L'histoire des juifs dans ce pays, les arts et la création littéraire, la pensée philosophique et religieuse qu'ils y ont développés font l'objet dans les universités et les cercles de spécialistes d'un travail sérieux de recherche, d'inventaire et d'appréciation. Chose plus étonnante, cet intérêt est largement relayé par les médias. Et ne parlons pas de l'effort réel consenti par les autorités nationales et les élus locaux pour préserver le patrimoine juif et protéger jusqu'aux cimetières de la communauté. Tout cela n'est pas banal ou anodin dans un contexte marqué précisément par le conflit israélo-arabe où les passions ont conduit à l'extrême de l'aveuglement et de la haine.

Il y a une autre raison à l'exigence que j'ai formulée plus haut quand j'ai parlé d'engagement à double tranchant, celui où je me retrouve en permanence aux côtés des Palestiniens dans leur lutte et celui où je combats sans faiblir l'antisémitisme ordinaire, si je puis dire, ajouté à la haine des juifs alimentée par la politique jusqu'au-boutiste de l'État d'Israël. Cette raison étonnera sans doute, mais la vérité ne souffre pas de faux-fuyants. Dans mon cheminement personnel, je dois ma pleine conscience des tenants et aboutissants de la question palestinienne à un homme hors pair qui s'est toujours proclamé juif et arabe : j'ai nommé Abraham Serfaty.

Quand je l'ai rencontré, aux alentours de mai 68, et qu'il a commencé à participer à la revue *Souffles*, ma connaissance de la question était, disons, moyenne. L'entreprise où j'étais engagé avec les intellectuels de ma génération mettait au centre les enjeux de la décolonisation, du renouvellement littéraire, artistique et culturel. Le Maroc et plus largement le Maghreb étaient le théâtre privilégié de notre élan émancipateur et créatif, le monde arabe n'étant pas encore perçu par nous comme une continuité et un horizon plus large du chantier que nous avions ouvert. Bien au contraire. Les ruptures dont nous étions porteurs embrassaient dans le même mouvement de rejet une certaine culture occidentale aux visées hégémoniques et ce que nous percevions comme traditionaliste et figé dans la culture arabe de cette époque. Nous pensions Maghreb, dans une sorte d'insularité venant d'une histoire coloniale particulière ayant créé une donne culturelle complètement différente de celle qui prévalait dans les autres pays arabes. La modernité littéraire, par exemple, dans laquelle certains écrivains égyptiens, syriens, libanais et irakiens commençaient à s'engager était pour nous un acquis déjà consommé. Nous visions plutôt une post-modernité où nous avions l'ambition de jouer un rôle de pionniers, d'égal à égal avec les écrivains occidentaux.

Il faudra attendre la guerre des Six-Jours pour que la « fibre » arabe se réveille en nous et que notre horizon intellectuel s'étende au-delà du Maghreb. La publication par *Souffles* du Manifeste du 5 juin 1967 rédigé par le poète Adonis (et transmis par l'écrivaine libanaise francophone Etel Adnan) a marqué ce changement de cap dans nos préoccupations. Signe qui ne trompe pas, le numéro suivant, consacré aux littératures du Maghreb, inaugurera la nouvelle formule bilingue arabe-français de la revue.

La guerre a eu un effet direct sur l'orientation de *Souffles*. La politique y faisait son entrée tant l'indignation était grande face à l'incurie et aux tares chroniques des régimes arabes, responsables à nos yeux de la défaite et de l'extension de la mainmise d'Israël sur toute la Palestine. Au-delà de l'humiliation subie, il me semble que ce qui nous a le plus révulsés et convaincus d'une communauté de destin avec le reste des peuples arabes, c'est le nouveau fait colonial ainsi créé.

Je ne m'aventurerai pas davantage dans l'analyse du ressenti collectif, mais, pour ce qui me concerne, je crois pouvoir dater de cette année la mutation qui s'est opérée en moi et m'a conduit par paliers successifs à l'engagement politique d'ordre moral d'abord, à l'adhésion idéologique et physique par la suite.

Les mois suivants allaient apporter aussi leur moisson d'événements marquants à travers le monde et de bouleversement des idées : la fin de l'épopée du Che et son martyre en Bolivie, Mai-68 en Europe alors que la guerre du Vietnam battait son plein. Mon premier pas sur ce terrain où je n'étais auparavant qu'un observateur concerné a été l'initiative à laquelle j'ai participé de créer à Rabat un Comité Vietnam-Palestine. Là, mes congénères n'étaient plus des poètes et des intellectuels mais des militants chevronnés de partis politiques de gauche. Et parmi eux, Abraham Serfaty. D'emblée, l'amitié se noua entre nous. Je découvrais en lui un type de militant différent de ceux qu'il m'était arrivé de côtoyer dans le passé et qui me mettaient mal à l'aise car je les trouvais imbus d'eux-mêmes en général et imperméables à des activités ne relevant pas du domaine strictement politique. Abraham, quant à lui, n'affichait aucune morgue. Il avait en outre un large éventail de préoccupations intellectuelles, ajouté à une solide culture philosophique, historique, et une réelle expertise des questions économiques, ce qui ne l'empêchait d'ailleurs pas d'assumer ses tâches militantes au sein du Parti communiste (rebaptisé Parti de la libération et du socialisme à ce moment-là), même s'il était alors très critique vis-à-vis de la ligne politique de son organisation, jugée trop réformiste et inféodée au grand parti frère de Moscou.

Abraham ne tarda pas à rejoindre l'équipe de *Souffles*. Il y apporta une nouvelle approche de la question culturelle en introduisant dans l'analyse les processus historiques et les luttes d'intérêts qui, à l'échelle de la société humaine, produisent tel ou tel type de culture, instrument de domination et d'aliénation entre les mains d'une minorité privilégiée ou moyen de libération pour la masse des opprimés. Par ailleurs, sa parfaite connaissance du judaïsme marocain, de l'histoire du mouvement sioniste et de la politique mondiale, notamment celle qui fut à l'origine de la situation tragique au Proche-Orient, l'avait amené à un positionnement tout à fait original sur la question palestinienne, compte tenu de sa qualité de juif, une qualité qu'il revendiquait sereinement en lui en adjoignant une autre, revendiquée tout aussi sereinement, celle d'Arabe. Il administrait ainsi la preuve que l'on pouvait être à la fois pleinement juif et arabe et, à ce double titre, épouser librement la cause des Palestiniens au nom d'un humanisme juif revisité, de la simple justice et des idéaux internationalistes.

Comment ne pas être fasciné par cette honnêteté intellectuelle, ce courage à s'arracher des conditionnements et des solidarités grégaires, cette façon de restituer à l'esprit humain ses lettres de noblesse ? Plus que les discours des Palestiniens eux-mêmes, celui d'Abraham retentissait en moi profondément et me permettait d'acquérir une vision du problème où la bataille des idées allait devenir aussi primordiale que l'action solidaire. C'est ainsi qu'Abraham et moi sommes devenus des compagnons de route, avons participé à la création dans la clandestinité d'un nouveau mouvement de gauche et affronté ensemble les épreuves qui nous attendaient.

Comment oublier ce petit matin de janvier 1972 où nous nous sommes retrouvés dans des cellules voisines au commissariat du quartier Hassan à Rabat, livrés aux mêmes tortionnaires déchaînés, dont leur chef, une espèce de play-boy particulièrement sadique, le commissaire El Ghoul, comme il s'appelait (L'Ogre, ça ne s'invente pas) ? Et cela m'inspire la réflexion suivante : quand deux ou plusieurs personnes animées des mêmes idéaux subissent ensemble ce que j'ai appelé dans un livre l'ordalie, il arrive un moment où les vases communicants de la douleur produisent un phénomène de fusion des consciences et des corps meurtris. L'on ne pense plus et l'on ne souffre plus individuellement.

On intègre un corps commun qui fait face aux inquisiteurs avec une force décuplée. Chaque coup que l'un reçoit est ressenti par l'autre, chaque sursaut de résistance se communique de l'un à l'autre. Voilà ce que je crois avoir vécu avec Abraham dans ces circonstances où, selon toute évidence, les bourreaux cherchaient à écraser le noyau de notre identité humaine. En même temps, je ne pouvais pas me sortir de la tête que lui était juif et qu'à ce titre la hargne des tortionnaires devait être redoublée à son égard et que, parmi les injures dont on nous abreuvait, celles qui lui étaient destinées puaient certainement le racisme.

Ce n'est donc pas dans les livres, même si je me suis amplement informé sur la question, que j'ai puisé les éléments d'une éthique où l'antisémitisme ainsi que toutes les autres formes de racisme sont devenus ma bête noire. C'est par une expérience concrète, marquée au fer rouge. Et bien avant cette expérience fondatrice, comment oublier la soirée de soutien à la cause palestinienne qui s'était tenue en 1968, je crois, au théâtre Mohammed V à Rabat, au cours de laquelle la femme d'Abraham de ce temps-là, Preciada Azancot, était montée à la tribune pour joindre sa voix à celle des autres et, par un geste stupéfiant, avait fait don de ses bijoux en les remettant aux représentants de l'OLP présents dans la salle ? Comment oublier enfin, et là je saute des décennies, ce que j'ai lu dans les yeux d'Abraham quand je lui ai rendu visite dans sa maison de Marrakech en avril dernier ? Cloué sur sa chaise roulante, il répondait à mes questions par un oui ou un non après avoir observé un laps de silence. Je n'étais pas sûr qu'il m'avait reconnu. Parfois, un vague sourire non dénué de malice éclairait ses lèvres. J'y décelais comme une survivance de notre complicité d'antan.

Mais ses yeux continuaient à scruter quelque chose dans le vague. Quelles images de nos souvenirs communs était-il en train de visionner ? Quels pans de l'histoire de nos combats et de nos espérances ? Quelles cendres de nos ailes et quels reliefs de nos déceptions ? J'étais heureux d'être en sa présence (peut-être l'était-il aussi) et en même temps j'avais hâte de partir, comme si j'avais peur en restant plus longtemps de le blesser, ne serait-ce qu'en lui offrant le spectacle de ma vigueur mentale et physique.

Bonne nuit Abraham, mon frère. Je tenais à ce que tu saches ce que je te dois. Ah, si l'intelligence et la clairvoyance étaient au pouvoir dans nos contrées ! Je rêve à voix haute d'un acte symbolique par lequel tu aurais pu être couronné dans ton pays et dans le monde arabe du titre mérité de Juste. Les Justes en Israël sont honorés pour avoir choisi le camp des victimes et sauvé des vies humaines visées par l'infernale machine d'extermination nazie. Pourquoi ne serais-tu pas distingué chez nous pour avoir fait tienne la juste cause des Palestiniens et de ce fait porté haut les valeurs de l'humanisme juif foulées aux pieds par les oppresseurs israéliens ? Mais, au fond, peu importent les titres et les distinctions. Ton honneur à toi, qui te survivra et servira d'exemple, espérons-le, est celui d'avoir été un homme libre à un tournant de l'histoire où beaucoup, esclaves de leurs préjugés, se sont accommodés de la barbarie, quand ils n'y ont pas trempé.

Chaque fois que je me penche sur le passé, je me retrouve en train de sonder les eaux apparemment dormantes de deux sources vives : la période de l'enfance et celle des années soixante. Une vraie fixation, que j'essaie d'atténuer dans ce livre. Les chapitres de notre vie ne se livrent pas à nous de la même façon et nous n'avons pas sur eux le même pouvoir, me semble-t-il. Il y en a qui débordent et dont nous recueillons à profusion l'écume, d'autres que nous nous évertuons à ouvrir et qui se révèlent rétifs à la confidence. Enfin, il y en a que nous sollicitons peu car il nous est arrivé à un moment de les marquer du sceau de la banalité.

À ce point du récit, je me rends compte que le nom de Palestine a fonctionné comme un sésame. Que de péripéties sur lesquelles je ne m'étais pas encore exprimé sont remontées à la surface avec un foisonnement surprenant de détails. Et je me dis que cette manne pourrait être davantage défrichée et faire l'objet d'une œuvre à part entière, pourquoi pas un roman. Mais le souci de cohérence m'oblige à contenir ce flot pour m'atteler de nouveau au voyage qui l'a déclenché.

À Jérusalem, j'ai été sujet à des insomnies répétées dues à un acte manqué. Sachant à quelle tension j'allais être soumis pendant ce séjour en Palestine, j'avais « oublié » de prendre avec moi parmi mes médicaments le calmant que j'avale avant de me coucher quand je traverse des périodes agitées. J'aurais donc cherché inconsciemment à rester éveillé tard la nuit, sinon à interrompre mon sommeil avant l'aube. C'est dans ces moments-là que les événements de la journée, grâce à une alchimie favorisée par la pénombre et le silence ambiants, pouvaient se décanter. Au lieu de travailler au grand jour et prendre des notes comme tout le monde, je cultivais ainsi l'insomnie pour fixer les instantanés de ce que j'avais vu, entendu, ressenti. De ces instantanés, impossible aujourd'hui de restituer la réalité telle qu'elle s'est présentée à moi. Tout au plus parviendrai-je, à la manière d'un sourcier, à promener mon bâton sur la surface d'une semaine intense pour en sonder le cours souterrain et capter ses variations internes. Sept jours où je me suis senti dans la peau d'un mulet en train de faire tourner une meule et, bien obligé, sans les œillères de rigueur.

Le matin, après un léger flottement, départ de l'hôtel Jérusalem. Mes hôtes, responsables des services culturels français grâce auxquels la tournée en Palestine a été rendue possible, doivent subir eux aussi les aléas ne serait-ce que de la circulation et en rabattre un peu s'agissant de leur ponctualité proverbiale. Ici ou ailleurs, je suis toujours impressionné par leur connaissance, acquise en un temps record, de la complexité de chaque situation, par l'impertinence des analyses qu'ils en font sur le ton de la confidence, sans parler de ce que les guides touristiques décrivent superficiellement alors qu'eux vous le font découvrir avec l'œil du fin connaisseur et de l'esthète. Et quand sonne l'heure de manger et de se détendre, allez trouver, même chez les autochtones, quelqu'un de mieux averti des bonnes adresses et qui y soit accueilli avec tant de prévenances. Phénoménale de par le monde cette aisance française, et loin d'être désagréable !

Il se trouve que les personnes qui l'incarnent ici sont d'une compétence et d'une gentillesse apportant du baume au cœur. Averties de mon parcours intellectuel et politique, elles se sont démenées pour que mon séjour me soit amplement profitable et profite avant tout aux Palestiniens attendant ma visite.

Le programme est réglé comme du papier à musique et la course aux obstacles que je redoute se révèle être une course de relais où le témoin que je suis passe d'une main sûre à l'autre. La voiture où l'on me transporte, singularisée par sa plaque diplomatique, est un havre protégé contre les vexations et l'arbitraire, un luxe dont je suis conscient sans en concevoir de mauvaise conscience. Après tout, je ne suis pas venu dans le but de contester bruyamment l'ordre régnant ou à la recherche d'un coup d'éclat, mais pour effectuer un pèlerinage intime et m'instruire afin de témoigner. Le sens de ma mission m'est d'ailleurs révélé à Bethléem, lors de la rencontre que j'ai avec le public. Après les discours de bienvenue et le moment de la lecture devant un parterre constitué en bonne partie de poètes du cru, nous échangeons sur mon expérience d'écriture et la modernité littéraire en général. Une fois de plus, j'ai la confirmation que certaines de mes œuvres, liées à l'expérience carcérale, ont été davantage lues dans les prisons israéliennes que dans les lycées et les universités marocains. Faut-il préciser que nombre de mes interlocuteurs maintenant « élargis » ont connu les geôles ?

La réalité politique, pourtant pesante et angoissante, n'est quant à elle abordée que par le biais d'une bizarrerie caractéristique de la scène intellectuelle arabe. De quoi s'agit-il ? D'un mot d'ordre émanant d'officines d'écrivains autoproclamés défenseurs purs et durs du nationalisme arabe et de la cause palestinienne qui ont décrété que toute visite d'un intellectuel arabe en Palestine serait considérée comme un acte de normalisation des rapports avec l'ennemi israélien. Je ne sais comment le sujet est venu dans la discussion, dans la salle plutôt qu'entre elle et moi, toujours est-il que l'un des intervenants a eu l'élégance de régler le problème à ma place de façon décisive en s'écriant : « Ce qui est immoral, c'est de vouloir empêcher les prisonniers que nous sommes de recevoir la visite de nos proches ! »

Et voilà, sans que j'aie à m'en donner la peine, ma feuille de route établie et éclairée : arpenter les abords de la prison où vivent les Palestiniens, faire le tour des murailles hérissées de miradors, puis m'y introduire, circuler dans ses couloirs, jeter un coup d'œil à travers les judas dans les cellules, les cachots, me présenter avec les visiteurs à l'heure du parloir, apporter à l'un ou l'autre de mes proches un panier de victuailles, une cartouche de cigarettes, un paquet de livres, m'enquérir de leur santé et du moral, leur transmettre des nouvelles de l'extérieur, et si possible rire avec eux du règne de l'absurde, de la bêtise des oppresseurs, lever mon poing fermé à l'instant des adieux, tout cela en oubliant mon arabe marocain pour parler le leur et m'entendre dire à ma grande joie que je m'en tire pas mal.

Le quartier le plus étrange de cette prison s'avère être Jérusalem. Je l'avais visitée une première fois après les accords d'Oslo, à l'invitation de Izzat al-Ghazzaoui, président de l'Union des écrivains palestiniens. De ce dernier, décédé à la force de l'âge il y a quelques années, je garde un souvenir ému car il était l'incarnation parfaite d'un humanisme ardent auquel j'ai eu l'honneur et le plaisir de m'initier en traduisant les auteurs palestiniens. Au cours de la visite, je suis tombé sous le charme de « la fine fleur des cités », selon la fameuse chanson de Fayrouz, sûrement en raison du vent de paix qui soufflait alors timidement. L'Histoire semblait vouloir s'accommoder de la justice et ouvrir au peuple meurtri une petite fenêtre sur l'espérance. Le mur incrusté dans la tête des victimes de la peur commençait à se fissurer. L'air de la ville était léger et revigorant. Le ciel s'était momentanément affranchi de sa chape de deuil et, la nuit venue, déroulait les échelles d'une tendre lumière à l'adresse des rêveurs invétérés, adorateurs des étoiles propices. L'accalmie avait un goût de caramel et une senteur de pain juste sorti du four.

Mais, en ce mois de mars 2008, un vent sinistre souffle sur la ville, accompagné d'une pluie sale, on dirait toxique. L'inquiétude se lisant sur les visages relève d'une panique que seule l'habitude permet de maîtriser. Les gens se croisent et se côtoient dans un ballet rappelant le grotesque jeu du chat et de la souris, l'absurde étant d'être encore là à battre ensemble le même pavé, chacun se dirigeant vers sa propre impasse.

Au risque de blesser les amoureux éperdus de Jérusalem, j'ose dire que, cette fois-ci, je la trouve laide. Le qualificatif est peut-être outrancier, mais il ne s'est pas imposé à moi par hasard car je ne connais que trop le poids des mots, leurs tares, l'acéré de leur lame, leurs effets prévisibles, bénéfiques ou maléfiques. Pourquoi donc la laideur et à quoi tiendrait, a contrario, la beauté d'une ville ? À sa froideur majestueuse comme c'est le cas pour Paris, à la projection sur elle des énigmes élaborées dans l'œuvre d'un écrivain fétiche pour ce qui est de Prague, à la lasciveté des corps en mouvement ou au repos dans le marbre quand on pense à Rome, à son ingénieux système de boîtes gigognes représentant les facettes multiples de l'espèce humaine s'agissant de New York, ou aux petits défauts qui mettent davantage en valeur les charmes d'une belle plante, le pénétrant de son regard, pour ne pas oublier Rabat ? Dans tout cela il faut, cela s'entend, compter avec la situation concrète que traverse une ville au moment où on la surprend dans son quotidien et avec l'état d'âme de celui qui la découvre ou redécouvre.

Jérusalem a enlaidi. Et ce n'est pas mon imagination qui me joue des tours. Son visage est maintenant marqué par les stigmates de quinze années de violence et d'errements. Au mur dans les têtes a succédé un mur en béton la sectionnant de part en part à hauteur du nombril, emprisonnant ses cuisses, clouant ses paumes sur une vieille croix exhumée à l'occasion des fouilles qui vont bon train. Les constructions qui ont poussé alentour comme des champignons, inspirées par un plan aux desseins politiques à peine voilés, sont d'une disgrâce consternante. Elles font l'effet d'un entassement anarchique de cubes posés çà et là comme autant de cages. L'observateur a le sentiment de sillonner un immense puzzle où des éléments font défaut par endroits et d'autres sont superposés faute d'y avoir trouvé une place. C'est dire que, une fois sorti de la vieille ville, et encore, on ne sait pas où l'on a mis les pieds ou dirigé sa voiture. La ligne de démarcation est un labyrinthe terrestre et aérien où l'on n'a pas le droit de se perdre. Outre son caractère proprement physique, elle interfère dans la religion, l'ethnie, la nationalité, si tant est que l'on en a une de reconnue, exige des voyageurs, des simples passants, d'avoir sur eux en permanence leur carte d'identité et, pour les moins chanceux, les Palestiniens en l'occurrence, leur acte de naissance.

Ce ne sont pas là des impressions résultant d'une prise de vue aérienne de la ville. Le lendemain de mon arrivée, ma rencontre avec le public à l'École biblique de Jérusalem me fait découvrir la triste et brute réalité. Obéissant à une habitude qu'il m'est difficile de rompre (question d'éducation), j'arrive une demi-heure à l'avance. Le docteur Abu Arafeh, chargé de me présenter, est déjà là, en compagnie de quelques personnes désireuses de s'entretenir avec moi avant l'ouverture de la séance. Nous parlons de choses et d'autres, notamment du blocage de la situation politique et des difficultés accrues que cela entraîne dans la vie quotidienne des gens. Le docteur ès lettres Abu Arafeh me raconte par exemple comment se déroule pour lui une journée type. Il doit se réveiller à cinq heures du matin. Habitant dans un village arabe distant d'une cinquantaine de kilomètres de Jérusalem, il met deux à trois heures pour arriver à destination. On devine l'insupportable attente et les vexations qu'il subit devant les check points avant de les traverser. Comme il lui est interdit de passer la nuit dans la ville, il doit la quitter en fin d'après-midi et ce n'est que vers dix-onze heures qu'il retrouve sa famille. Rebelote le lendemain.

À cette relation, d'autres récits fusent. Chacun de mes interlocuteurs a un statut différent selon qu'il est natif ou non de Jérusalem, qu'il y vivait ou non avant l'annexion de la partie est par Israël en 1967, et chacun de sortir, à ma demande d'ailleurs, la carte verte, bleue et de je ne sais plus quelle autre couleur définissant son statut, réglementant ses déplacements et le dépouillant de tel ou tel de ses droits. Plus que n'importe quelle analyse politique, ces bouts de papier, décolorés à force d'être triturés, qu'ils retirent un peu honteusement de leurs poches et me mettent sous les yeux me révèlent l'ampleur des frustrations et des humiliations endurées au quotidien par ces hommes. Dans leur attitude, je lis comme une part de résignation teintée d'un mépris non dissimulé vis-à-vis des responsables de l'ordre inique qui leur est imposé.

Les jours suivants, en circulant dans les territoires mis au compte, par défaut ou par excès, de ce que l'on appelle hypocritement l'Entité palestinienne, je découvre que leur vécu n'est pas exceptionnel et s'étend à l'ensemble des populations habitant les villages et les villes de Cisjordanie. Comme à Naplouse, où je me rends le 6 mars. De tout mon voyage, c'est le trajet le plus long à l'intérieur du pays. L'excitation que l'on ressent en pareille circonstance n'est pas au rendez-vous. La vue ne peut pas embrasser un seul paysage dans sa continuité naturelle. La terre est constamment saucissonnée par les routes latérales desservant les colonies de peuplement, et celle sur laquelle nous roulons est aménagée en un couloir surnaturel sans ligne d'horizon. À peine peut-on apercevoir de temps à autre sur une crête l'entassement des cubes de l'une de ces colonies ou, au flanc d'une falaise, les ruines curieusement plus avenantes d'un village arabe « abandonné ». En dehors des voitures venant en sens inverse, pas âme qui vive aux abords de la route et au-delà. Et des oiseaux, y en a-t-il ? Très rares en tout cas. On dirait que cette désolation est l'œuvre d'un chirurgien malhabile, plus précisément de l'un de ces techniciens de l'expertise médico-légale ayant disséqué sans égard un corps dont il sait que personne ne viendra le réclamer. Mais la terre ainsi mutilée n'est-elle pas en fin de compte la réplique fidèle du corps saignant, encore debout, d'un peuple vivant ?

Au passage des check points, notre voiture bénéficie d'un traitement de faveur vu le statut diplomatique de la conductrice. Ma tête de patriarche au regard perdu dans les nuages ne suscite pas la défiance et celle de ma femme aux yeux bleus hérités de ses aïeux gaulois est au-dessus de tout soupçon. Je détourne le regard de la longue file de véhicules et de leurs occupants moins favorisés par le sort. Aux abords de Naplouse, nous devons faire un détour et couper par des chemins de traverse car un nouveau barrage a été inopinément dressé ces jours-ci. Naplouse doit se mériter. Nous y arrivons soulagés, mais sans mérite notable.

Mon récital a lieu au Centre culturel français à dix-huit heures. Après les présentations je me lance mais, au milieu de la lecture, je constate que beaucoup de jeunes, étudiants à l'université An-Najah ou lycéens fréquentant les établissements de la ville, commencent à se retirer discrètement. Cela me perturbe un peu car je ne m'en explique pas la raison. Après la séance, les organisateurs se dépêchent d'éclairer ma lanterne. Ces défections n'ont rien à voir avec mes textes. Averti à l'avance d'un conservatisme supposé du public de la ville, j'ai veillé à rester dans les limites de ce que des oreilles chastes pouvaient supporter. Non, la raison est plus prosaïque. Ces jeunes habitent dans des villages à la périphérie de la ville et ne peuvent pas faire autrement que de partir, vu l'interdiction qui leur est faite d'y passer la nuit. C'est vrai aussi qu'à un moment de mon récital des détonations répétées ont retenti au loin, ce qui n'était pas fait pour rassurer l'assemblée.

Me voilà ramené à la réalité, confronté à cette question incontournable que d'aucuns s'entêtent à trouver scandaleuse et qu'il faut être aveugle des yeux et de l'esprit pour ne pas se poser en toute honnêteté. À vivre en permanence entre les mâchoires d'un étau se resserrant sans cesse, comment un être humain normalement constitué et a fortiori un peuple peuvent-ils continuer à faire valoir la raison et se nourrir de chimériques espérances ? À un moment ou un autre, la déraison l'emporte et la haine remonte à l'encontre de celui qui actionne l'étau et vous dépouille de vos qualités et de vos droits d'humain. On peut comprendre alors que la survie dans ces conditions n'est plus tolérable et que la mort autodestructrice et destructrice de l'autre soit perçue comme l'unique solution mettant fin au calvaire enduré. Dans cette logique, c'est le martyre subi qui crée ce que l'on appelle le martyr.

Faut-il préciser que la plupart de mes interlocuteurs palestiniens sont loin d'être arrivés à ce bout du rouleau ? Je suis plutôt impressionné par la persistance en eux de la force de la raison et d'un incroyable bon sens doublé d'un penchant très élaboré pour la dérision. Le lot quotidien des avanies ne les empêche pas d'être des rieurs hors pair, et m'est avis que ce trait de caractère est un des leviers de la préservation de leur dignité et de leur conviction profonde que, quelle que soit l'échéance, leur cause et leurs droits finiront par triompher.

Autre lieu, autre illustration d'un vécu au goût de cendre amère, que les populations d'ici s'évertuent à édulcorer par leur bonhomie et leur amour inconsidéré de la vie.

Je me revois à l'Université arabe de Jérusalem, après la rencontre que j'y ai eue avec les étudiants, la visite du musée du Prisonnier palestinien érigé dans l'enceinte de cette institution et celle du laboratoire de recherches scientifiques (connu pour ses travaux sur le cancer et les nanotechnologies). Un groupe d'enseignants d'une prévenance merveilleuse m'accompagne. Parmi eux, un chef de département, joyeux drille parlant excellemment le français. Il m'apprend qu'il a séjourné longuement au Maroc et qu'il a travaillé pendant dix ans comme chauffeur de taxi à Paris. La complicité est immédiate et va jusqu'à un bref concours de chansons entre nous, lui interprétant des tubes en vogue au Maroc et moi, des extraits du répertoire classique d'Abdelwahab.

Une fois les présentations faites et les tâches accomplies, nous allons déjeuner à la cafétéria du campus, installée en plein air. Le repas est à la hauteur de mes attentes : un mezze complet aux couleurs et saveurs réjouissantes. L'ambiance est détendue et le dialogue interculturel arabe fonctionne pleinement, ponctué de blagues sucrées-salées provoquant l'hilarité générale. Or ces agapes se déroulent face à un panorama susceptible de couper l'appétit. La cafétéria surplombe un paysage de collines aux doux arrondis coupées net par la lame grise du Mur de séparation, boa géant de béton incrusté dans la terre. Le mur, m'explique-t-on, devait à l'origine traverser l'université elle-même et la scinder en deux. Finalement, la mesure a été levée grâce à la mobilisation des étudiants et enseignants, et le soutien de nombreuses organisations internationales. D'un côté, donc, l'euphorie des retrouvailles et le plaisir des sens, de l'autre le spectacle d'un symbole sinistre, presque irréel. Pour moi, l'image se passe de commentaire, mais j'ai l'impression que, si nous avons beaucoup ri au cours de ce déjeuner, c'est pour conspuer et ridiculiser cette carcasse en béton, la soustraire à notre vue et la remplacer en imagination par une rangée d'oliviers centenaires, des amandiers en fleur, une aire de jeux pour des enfants libérés de la peur, ayant enfin retrouvé le sourire.

Le repas terminé, nous nous levons pour prendre des photos-souvenirs avant de nous séparer. Par une manœuvre consciente ou inconsciente, je ne sais, ou alors un acte de masochisme enjoué, nous nous trouvons en train de poser avec en arrière-plan… le Mur, comme s'il s'agissait d'une antiquité, vestige inoffensif d'une époque révolue.

Dernière « station » sur mon chemin : Ramallah. Je vois que mon vocabulaire a fini par s'imprégner de l'histoire des lieux et des mythes entretenus autour d'eux, même si je n'ai pas eu la curiosité, lors de la visite touristique du Vieux Jérusalem, de mettre mes pas dans ceux du Crucifié gravissant la Via dolorosa. Mais comment ne pas penser à lui et à ses souffrances, ses doutes, ses espérances, son message ayant donné lieu par la suite au pire et au meilleur, à l'instar de tous les grands messages qui ont cherché à refaçonner le matériau humain, y insuffler une sixième faculté, celle du rêve et ce qu'il induit comme dépassement des limites, pacification des cœurs, recherche du bien commun, amour et compassion ? J'en conclus qu'encore une fois je suis travaillé par la matière de l'utopie. Et cela ne m'étonne guère. Qu'ai-je fait depuis quarante ans en écrivant de la poésie, sinon travailler à mon tour cette matière ? Le poème se tient toujours à la lisière du réel. Il y touche, tout en restant à l'écart pour sonder un autre réel contenu dans le précédent et pourtant autonome, entrevoir ce qui se conçoit dans le premier pour être enfanté dans le deuxième. C'est pourquoi le poète n'est pas de ce monde tel qu'il existe et il n'en est pas absent, prisonnier d'une chimère appelée extra-monde. Il se tient dans un entre-deux. Son office est d'être un passeur entre deux royaumes de la vie, celle que nous vivons et celle que nous pourrions vivre si…

Si je parle ainsi de poésie, et de la mienne en l'occurrence, c'est que j'ai le sentiment d'avoir eu avec le public venu m'écouter à Ramallah peut-être le plus beau moment de communion dans ma vie de poète. J'en ai fait des récitals, par centaines, dans les pays les plus divers. La plupart du temps, je lis en français, ma langue d'écriture. Plus rares sont les occasions qui me sont offertes de déclamer mes textes en arabe, ma langue natale. Il m'arrive d'ailleurs de redouter un peu l'expérience, pour diverses raisons. Les imperfections de toute traduction de la poésie, ma maîtrise honorable mais pas infaillible de la redoutable grammaire arabe, les a-priori en matière de goût poétique des auditeurs amoureux de la langue d'Al-Mutanabbi, autrement dit ce qui est susceptible de bercer « l'oreille arabe » ou de la blesser. Et puis il y a d'autres enjeux. Le statut de la poésie dans l'aire culturelle arabe est particulier. Même s'il est en train de changer pour s'aligner sur la norme pratiquée ailleurs, il n'en reste pas moins déterminé par ce qu'il fut à l'origine, quand ce mode d'expression était sans conteste le genre littéraire majeur. Autre singularité de ce statut : la permanence jusqu'à la deuxième moitié du XXe siècle d'une charge sociale et politique que le poème devait véhiculer. L'engagement du poète a commencé par être tribal avant de devenir national, voire internationaliste. Que de responsabilités et de contraintes si l'on tient à satisfaire la fameuse oreille, à entretenir l'esprit de corps et la fierté de la nation ! Que d'écueils sur le chemin d'un poète arabe vivant hors de son pays, écrivant dans une langue d'emprunt, se faisant traduire, et dont la poésie, comble de l'étrangeté, ne s'inscrit dans nulle tradition, nul courant de la modernité littéraire, orientale ou occidentale !

Mais, dès l'ouverture de la rencontre au Centre culturel franco-allemand de Ramallah, mes appréhensions sont dissipées. Le public est nombreux. Et, pour créer les conditions d'une proximité entre lui et moi, les sièges ont été disposés en demi-cercle. Ni estrade ni tribune. Tout pour que j'aie le sentiment d'être entouré. Les auditeurs peuvent lire dans mes yeux ce que ma voix leur transmet et je peux lire dans les leurs le voyage que mes textes leur font entreprendre. Les oreilles qui m'écoutent s'avèrent tout de suite universelles. Jamais je n'ai senti avec une telle force ce que la poésie peut communiquer et faire partager de l'intime. J'ai l'impression que chaque mot est capté dans la nuance que je lui ai choisie dans son champ sémantique et que même les blancs entre les vocables sont perçus pour ce qu'ils sont, des pores par lesquels le texte respire. Quant à la chute des poèmes, elle est accueillie avec un sourire et des chuchotements de complicité me donnant des ailes, rendant à ma voix les vibrations qu'elle avait au moment où les textes furent écrits. Que demander de plus quand on est ainsi accompagné dans sa propre aventure et conforté dans les raisons qui ont mis au centre de votre vie la poésie ?

Après la lecture, suit une courte discussion. Ce que j'en retire, au-delà de mes espérances, c'est que nous étions sur la même longueur d'onde. Pendant une heure et demie, nous avions mis entre parenthèses la réalité qui nous assiégeait avec son cortège d'affres et de violence. Non, nous n'étions pas sur un nuage rose, éthéré, coupé du monde, mais sur une arche semblable à celle de Noé, naviguant entre des récifs mortifères, soumise à la tempête mais tenant le cap vers une destination où les rêves justes plantés dans la terre humaine donneront un nouvel arbre de vie, déployant ses vigoureux rameaux, ceux de la connaissance, de l'éveil, de la sagesse, du plaisir, du don de soi et du questionnement perpétuel.

Le retour à Paris est pour demain.

Je n'ai pas fait d'emplettes. Pas de souvenirs matériels. Juste des cartes postales, achetées à l'hôtel, que j'ai envoyées à mes enfants. J'arriverai à destination avant elles.

Je constate qu'aucun Israélien n'est venu à l'une de mes lectures. Je peux comprendre pour Naplouse, Ramallah ou Bethléem, mais pourquoi pas à l'École biblique de Jérusalem ? La peur pour eux, me dit-on, de s'aventurer dans le secteur arabe de la ville. À ce point ? Sans m'attendre que mon public soit mixte, j'espérais au moins que quelques intellectuels ou écrivains de l'autre bord soucieux de l'indispensable dialogue qui prépare les esprits à la paix fassent le pas et viennent m'écouter, ne serait-ce que par curiosité. Mais peut-être me faudra-t-il aller directement vers eux la prochaine fois, au risque de me voir vouer aux gémonies par les officines d'écrivains arabes gardiennes du temple désaffecté de la pureté nationaliste. On verra bien.

Ce soir sera pour la détente. On nous conseille un bon restaurant. Le hasard fait qu'on y retrouve l'une des enseignantes à l'Université arabe de Jérusalem, une furie avec sa toison opulente de cheveux en bataille et sa gouaille joyeuse. Son fils l'accompagne. Un jeune homme réservé, à la voix à peine audible. L'antiportrait de sa mère. Plus tard se joindra à nous l'un de leurs amis, un beau ténébreux habillé comme pour passer une soirée dans un club branché de Saint-Germain-des-Prés. La cuisine est bonne, et l'arak meilleur paraît-il que le libanais et le syrien réunis. La discussion évite les sujets sérieux, et bientôt nos rires couvrent le brouhaha émanant des tables voisines. La nôtre est une île où nous célébrons le bonheur d'être ensemble. À un moment, l'on me tend une cigarette et je la prends, l'allume machinalement. Plus de quatre mois d'abstinence partent en fumée. Jocelyne, par un acte d'affirmation égalitariste n'admettant aucune objection, m'emboîte le pas et rompt, elle qui m'a donné l'exemple, six mois d'interruption de notre vice commun. Mais mon dieu, qu'elle est bonne cette cigarette, avec ce goût très définissable qu'elle a de la transgression ! Le modeste hédoniste que je suis en sait quelque chose. Voilà pour la toute petite histoire. J'ai craqué à Jérusalem. Depuis lors, mon tabagisme a repris le dessus. Ah vous, bonnes âmes qui me plaignez et vous affligez de ma faiblesse, de grâce, lisez le livre de l'écrivain péruvien Juan Ramón Ribeyro, *Réservé aux fumeurs* ! Peut-être comprendrez-vous.

Le 8 mars au matin, nous sommes dans l'avion qui nous ramène à Paris. Assis côté couloir, j'évite ainsi de regarder par le hublot la terre qu'on quitte. Comme bien des personnes, je suis allergique aux cérémonies de l'adieu. Que croit-on pouvoir ajouter en ces quelques minutes alors que l'essentiel a déjà été dit, éprouvé, échangé lorsqu'on était ensemble, dans la pleine présence ? Une ultime pression de la main ? Une énième formule de tendresse ? Une larme ? Et là, que vais-je chercher à regarder une dernière fois maintenant que l'avion a pris de l'altitude ? La laide cicatrice du Mur sur le corps de la terre, le dôme aux ors ternis de la mosquée Al-Aqsa, la cour de la vaste prison dont j'ai parlé ou les jardins fleuris qui l'entourent ? Non, je préfère me concentrer sur les négatifs des images qu'un jour ou l'autre j'aurai à tremper dans le révélateur de ma mémoire, et, une fois le tirage sur papier effectué, m'atteler au travail que l'on exige de l'écrivain : ajuster et envoyer le son, affiner la lumière, impulser le mouvement afin de restituer autant que faire se peut l'âme des lieux et rapprocher de notre compréhension le mystère des hommes.

Quatre mois se sont écoulés depuis lors. Et me voici au terme de la présente narration. Ai-je rempli mon contrat, d'abord avec moi-même ? Ce texte m'a-t-il changé, et en quoi ? Ai-je apporté quelque chose à l'appréhension de ce qui se passe dans cette terre meurtrie ? Ai-je servi, à ma toute petite échelle, la guerre ou la paix ? la haine ou la compréhension ? Ai-je défendu comme il se doit l'idée de justice ? Ai-je été injuste avec ceux qui ne l'entendent pas de la même façon que moi ? De la réponse à tant de questions je ne puis être juge puisque je suis partie. Éternel dilemme de tout écrit quand il n'est pas destiné au prêche et qu'il est en attente de la main avertie qui va en tourner les pages avec délicatesse, de l'intelligence active qui va l'accueillir pour ce qu'il est, une simple proposition à ne pas négliger. Faute de quoi les écrits meurent aussi, à l'instar des arbres qui les ont permis en fournissant leur support éphémère, ces feuilles sur lesquelles je m'escrime à mon tour pour entretenir la mémoire.

Mahmoud et les autres

Je ne m'attendais pas que ma relation du voyage en Palestine, enfin achevée, ait quelques semaines plus tard un prolongement douloureux.

Fin juillet, nous sommes au Maroc dans la maison de Harhoura, près de Rabat. Il nous faut plusieurs jours pour l'assainir et tout remettre en ordre avant l'arrivée de nos enfants et petits-enfants pour lesquels passer une partie de leurs vacances en été chez nous est un rituel de redécouvertes, de joies et de complicités enjouées.

Déjà le 10 août.

Nous nous trouvons Jocelyne et moi, à l'heure du dîner, chez Rita et Guillaume, voisins providentiels devenus nos amis. Nos affinités sont nombreuses et, comme à l'accoutumée, le « syndrome andalou » fonctionne à merveille entre nous. Une passion commune que chacun conjugue à sa façon et nourrit d'explorations suivies de l'autre côté du détroit de Gibraltar. La table autour de laquelle nous communions présente un assortiment de gâteries et de nectars où le terroir ibérique est dignement représenté, avec toutefois une touche particulière due au savoir-faire culinaire de Rita, native de Salé, l'un des refuges de la diaspora musulmane d'Andalousie, et de ce fait pôle d'une gastronomie raffinée concurrençant celle de Fès.

Rita est historienne et Guillaume enseignant de philosophie au lycée Descartes. C'est dire que les centres d'intérêt ne manquent pas et nos retrouvailles sont toujours l'occasion d'en refaire le tour, avec une prédilection pour ce qui touche au Maroc, moins souvent à la France.

Au milieu du repas, Samia et Mohammed, autres voisins immédiats, nous rejoignent. Samia travaille dans un ministère tout en poursuivant ses recherches pour un doctorat de lettres. Poète à ses débuts, amateur d'art, polyglotte impressionnant, Mohammed a roulé sa bosse et pratiqué divers métiers (dont celui de guide touristique à Fès) avant d'atterrir à Strasbourg pour y remplir la fonction de consul général du Maroc, tâche qui l'oblige à vivre séparé de sa femme et de ses enfants, ne lui permettant de les retrouver à Harhoura que pendant les congés. Avec lui, on peut être sûr que la discussion va s'animer et, de l'échange de nouvelles aux confidences, s'élèvera vers des considérations où des philosophes seront cités, des livres proposés à la lecture, et où des évocations émues de notre ville natale, Fès, seront au menu.

Je ne me souviens plus exactement de quoi nous parlions au juste quand la sonnerie de mon portable a retenti. Je crois que Mohammed était en train de revenir à la charge avec une idée qu'il soutenait mordicus et dont je devais être d'après lui le réalisateur. Ne tarissant pas d'éloges sur mes capacités et d'observations sur les limites du renouvellement de l'art cinématographique au Maroc, il voyait en moi celui qui pourrait faire faire un saut qualitatif à la « culture rétinienne » selon son expression et cherchait à me convaincre de me mettre derrière la caméra pour réaliser LE film tant attendu, genre *Underground* d'Emir Kusturica ou *La Vie des autres* de l'Allemand Florian Henckel von Donnersmarck. Certes, le cinéma m'a toujours tenté, mais à la longue j'ai fini par être partisan, en matière de création, de l'art unique où l'on s'investit entièrement, quels que soient les penchants que l'on a pour d'autres modes d'expression et le potentiel qu'on détiendrait pour les concrétiser. Mohammed s'évertuait une fois de plus à vaincre mes réticences. En vain.

Je me lève de table et m'isole pour répondre au téléphone.

– Bonsoir, et pardon de vous déranger. Je suis Elisabeth Lequeret de Radio France internationale.

– Bonsoir.

– Êtes-vous au courant ? me demande-t-elle.

J'hésite à répondre. Au courant de quoi ? L'hypothèse la plus bête qui me traverse l'esprit est celle d'un prix littéraire qu'on m'aurait attribué.

– Mahmoud Darwich est mort.

– Quoi ?

– Suite à une intervention chirurgicale sur le cœur qu'il a subie dans un hôpital de Houston, au Texas. Je sais que cette nouvelle doit être douloureuse pour vous. Vous étiez son traducteur, l'un de ses amis les plus proches.

– Oui... Non, bredouillé-je. Je voulais dire que nous étions proches, mais pas amis intimes.

– Je comprends votre émotion. Je propose de vous rappeler, dans une demi-heure disons. Je vous laisse le temps de souffler.

– D'accord, j'attendrai votre appel.

Je suis tétanisé comme si une main hostile m'avait subitement administré une gifle venant s'ajouter aux autres gifles que j'avais reçues au cours des mois précédents : la mort suite à une crise cardiaque du peintre syrien Sakher Farzat, celui qui était devenu au fil des années, depuis mon arrivée en France, mon ami le plus proche, mon alter ego. Quelques jours auparavant, nous nous étions vus dans notre café habituel, place de la Bastille, et nous étions quittés avec en tête de nouveaux projets et la promesse de nous retrouver sans tarder pour leur donner suite. Je garde encore sur moi son odeur quand nous nous sommes donné l'accolade. À des heures diverses du jour et de la nuit, je le revois étendu sur son lit de mort, le visage paisible. Me tenant par la main, sa femme Aïcha m'avait conduit auprès de lui et je me rappelle avoir eu cette remarque : « Ce n'est donc que cela ! » Il m'en a fallu des mois pour me remettre un peu d'un choc que je n'avais jamais éprouvé jusqu'alors, même au décès de mon père.

Ensuite la mort inopinée de ma sœur Zhor, venue de Fès pour être soignée dans une clinique de Rabat. Une sainte que cette femme ayant remplacé pour moi ma mère dans ce que celle-ci représentait comme liens au monde disparu de l'enfance, à la langue originelle, avec en sus une douceur qui n'était pas le fort de ma génitrice. Mariée très jeune à un homme âgé, de surcroît stérile, elle n'a pas pu avoir d'enfants et a passé sa vie à recueillir au berceau des petites filles qu'elle élevait, scolarisait, entourait de ses soins jusqu'à ce qu'elles puissent voler de leurs propres ailes. Mes visites à Fès depuis longtemps ne l'étaient plus que pour elle, car la ville m'était devenue un peu étrangère, et seule l'atmosphère régnant dans la maison de Zhor, sa propreté et son ordre impeccables, les senteurs et les saveurs de la cuisine que j'y savourais, les babils que nous échangions pour nous remémorer l'histoire de la famille maintenant dispersée, me restituaient quelques pépites d'un trésor perdu. « Mais que peut faire l'individu ? », pour reprendre la formule rituelle dont cette sœur aimée émaillait ses propos en émettant un soupir de résignation vite suivi d'un rire sonore, presque enfantin.

La série noire continue avec la disparition d'autres êtres, moins proches mais ayant compté pour moi car je partageais avec eux un choix de vie lié à l'écriture : Driss Chraïbi, celui par lequel, heureusement, le scandale est arrivé dans les lettres marocaines, le « commenceur » comme je l'avais qualifié dans le numéro de *Souffles* que nous lui avions consacré en 1966, l'iconoclaste qui nous a ouvert la voie avec *Le Passé simple*. Nos relations d'abord chaleureuses et solidaires n'ont pas toujours été au beau fixe. Certaines de ses inconséquences et de ses déclarations à l'emporte-pièce les ont rendues difficiles pour moi. Malgré cela, je n'ai jamais mis en doute ou amoindri dans mes propos son génie littéraire. Sur ce plan, il était et restera un grand. Et voilà que son départ, au-delà de ces considérations, ressuscite en moi la tendresse que j'ai toujours eue pour lui, surtout pour l'âme d'enfant qu'il a sauvegardée en lui jusqu'à la fin de ses jours.

Deux gifles supplémentaires reçues à l'annonce du décès d'Albert Cossery à Paris, où il vivait depuis quarante ans reclus dans une chambre d'hôtel, et de Mohammed Leftah au Caire, lieu de son exil.

Sans avoir rencontré Cossery, je l'ai lu, relu, et fait lire tant que j'ai pu autour de moi car son œuvre est de ces galaxies littéraires dotées d'un magnétisme intemporel. Pourtant, ce marginal extrême, écrivant en français, a consacré tous ses romans sans exception au peuple profond de son pays d'origine, l'Égypte. Les petites gens de sa « comédie humaine » représentent autant d'archétypes où chacun, à n'importe quelle époque et sous n'importe quel climat, peut reconnaître la légèreté ou le poids écrasant de son être, ses déboires avec les forces obscures régissant la vie.

Quant à l'écrivain marocain Mohammed Leftah, et pour rester dans ces références cosmiques, je suis tenté, après avoir médité son œuvre publiée en attendant de lire ses livres posthumes, de le situer dans ma carte du ciel littéraire dans le voisinage de Cossery. Son étoile n'a pu scintiller que récemment dans ce ciel encombré par les faux brillants que la machine éditoriale vouée au culte du veau d'or produit en chaîne. Il venait à peine de sortir de sa longue traversée du désert grâce à l'accueil des Éditions de la Différence, alors qu'il ne savait plus que faire de piles de manuscrits remisés, brûlant d'un imaginaire insolite et s'exclamant dans une langue incisive et fourchue, démoniaque pour ainsi dire. Parti lui aussi, sans crier gare !

Enfin, bien avant ces pertes, il y eut la disparition après une longue lutte contre le cancer de Driss Benzekri, mon ancien camarade et codétenu à la Maison centrale de Kénitra. Qui aurait pu prévoir le destin singulier de cet homme que j'avais connu à l'époque du bouillonnement des idées révolutionnaires quand il était encore lycéen ? Un jeune homme de constitution frêle, timide, mais au caractère trempé. Quelques années après, la machine à broyer l'insoumission l'a happé et lui a fait payer son engagement militant de plus de quinze ans d'emprisonnement. Nos liens, tissés avant la tourmente, se sont renforcés en prison car il était l'un des rares compagnons féru de littérature. Du groupe de condamnés auquel nous appartenions, il a été victime d'un acharnement incompréhensible et, de ce fait, l'un des derniers à être libéré. Aussitôt, il a rejoint les organisations de défense des droits humains et en est devenu l'une des figures marquantes grâce à l'ampleur des connaissances qu'il avait acquises en la matière. Et quand il a été appelé par le nouveau pouvoir à assumer une responsabilité officielle, il est allé au charbon en présentant une vision de la justice transitionnelle qui a fini par s'incarner dans l'Instance équité et réconciliation dont on lui a confié la présidence. Un statut faisant de lui, à vrai dire, un homme d'État.

Malgré mon désaccord avec lui sur la question de l'impunité et les réserves que j'avais non pas sur sa stratégie mais sur les chances de la voir appliquer avec détermination jusqu'à ses ultimes conséquences par l'autre partie contractante, ma confiance lui était acquise, eu égard à sa rectitude morale, son désintéressement, au sens aigu qu'il avait des pièges et des vanités du pouvoir.

Avec lui aussi il y eut une dernière fois. La visite que je lui ai rendue dans un hôtel parisien où il se reposait après des soins intensifs. Diminué, il ne l'était que physiquement. Il parlait comme s'il avait toute la vie devant lui pour poursuivre un combat qui n'a de chances d'être gagné qu'à la longue et jamais définitivement, pour lire de nouveaux auteurs et relire les anciens, pour prendre du bon temps avec ses anciens compagnons sans trop honorer les nourritures abondantes en pareilles circonstances. Cet homme vivait de convictions, d'idéal, d'amour et d'eau fraîche. Indifférent aux biens de ce monde afin d'en mieux cerner les maux, il aura vécu pour servir ceux qui ont souffert ou auront à souffrir de la cruauté des pouvoirs aveugles.

Et maintenant voici le tour de Mahmoud Darwich de rejoindre ce cortège des partants vers l'autre rive, là où aucun mal ne peut plus les atteindre.

De l'endroit où je m'étais isolé pour répondre au téléphone et suis resté à me remémorer dans le désordre les gifles reçues, je sors dans le jardin de la maison. Je lève les yeux vers la cime du gracieux palmier s'y dressant au centre. Récemment, un jardinier est venu l'émonder. Il a coupé l'essentiel des branches jaunies et n'a laissé qu'une touffe au sommet, telle la tignasse d'un garnement frondeur. L'arbre de vie, me dis-je, placé là pour m'aider à penser et me consoler. Il faut bien que des branches s'en détachent pour que la sève coule plus fort dans celles qui restent, prépare une nouvelle floraison, le bourgeonnement puis la maturation des fruits. Dans ce cycle naturel, rien ne se perd. Les branches dites mortes continuent à vivre sous forme d'humus qui nourrira la terre, qui… et ainsi de suite. C'est pourquoi les jardiniers, ces philosophes méconnus, sont souvent taciturnes. Ce qu'ils observent leur suffit pour comprendre d'où nous venons, où nous allons et ce qu'il adviendra de nous après notre départ.

Loin, au-dessus du palmier, le ciel est illuminé d'une myriade d'étoiles. Certaines brillent, d'autres pas. On dirait qu'elles se contentent de tenir compagnie aux premières, d'en être les suivantes soulevant la traîne de leurs robes. La lune, presque pleine, surveille d'un œil à demi fermé cette procession immobile. La mer a une forte odeur ce soir. Elle piaffe et gronde tel un taureau enfermé, derrière la maison. Je respire à pleins poumons et me frotte le visage. De les avoir évoquées, les gifles font moins mal. J'ai oublié l'assemblée. Elle doit commencer à s'inquiéter de mon absence. Je m'arrache de mes rêveries aux multiples rivages et, d'un pas flageolant, retourne à ma place. Le temps de retrouver mon verre, d'en avaler une bonne gorgée, et j'annonce aux autres la triste nouvelle, la gifle du jour, particulièrement cinglante.

De la suite, je serai un spectateur parmi des dizaines de millions.

À Ramallah, la cérémonie des adieux est solennelle, ses images sont transmises par satellite dans le monde entier. Des funérailles populaires rares dans l'histoire quand le défunt n'est pas un père des peuples ou un grand homme d'État en exercice. Parmi les écrivains en France, par exemple, seul Victor Hugo a eu droit à de pareils honneurs. Le nom de Hugo n'est pas venu incidemment sous ma plume car Darwich peut être rapproché sans peine de l'auteur des *Châtiments* et des *Contemplations*, vu sa stature intellectuelle, l'ampleur de son œuvre, le rôle qu'il a fait jouer à la littérature dans les combats sociaux et politiques du monde arabe au cours de la deuxième moitié du XXe siècle. Mais les similitudes s'arrêtent là, de par la tâche spécifique que la poésie de Darwich a su remplir. À bien la relire dans sa continuité, on découvre qu'elle a été le chantier actif pendant des décennies d'une œuvre de reconstruction et de transmission de la mémoire du peuple palestinien, le creuset où ses mythes fondateurs se sont élaborés, où sa personnalité mutilée a été patiemment remembrée pour mieux s'affirmer. Si je devais me hasarder à un second rapprochement avec une autre figure emblématique de l'histoire de la littérature, je citerais Homère et ce qu'il a pu incarner dans l'aire culturelle grecque et, au-delà, occidentale.

Mais ces universaux ne doivent pas à mon avis occulter l'universel qui me touche le plus en lui. Sa façon d'aborder le simple quotidien, pas si simple que cela pour un homme de sa condition, de tourner autour du noyau de l'intime et le percer là où l'on se retrouve seul, désemparé et sans défense, et, pour nous familiariser avec l'essence de la tragédie, de créer un phénomène d'attraction entre les contraires : le fusil et le rameau d'olivier, la rose et les immondices, l'odeur du café de la mère et les pestilences de la chair carbonisée, la gifle et la caresse. Avec lui, comme avec tout autre poète, il faut veiller à ne pas se laisser envahir par la musique extérieure des textes afin d'en mieux capter la musique intérieure sans négliger les silences, ces espaces de leur respiration.

Au cours des jours ayant suivi sa disparition, j'ai été souvent sollicité par les journalistes sachant que j'ai été le premier à traduire ses œuvres. On supposait aussi des liens d'amitié entre nous qui m'auraient permis de mieux connaître les différentes facettes de sa personnalité. J'ai satisfait tant bien que mal à ces demandes en luttant contre un sentiment de malaise. Je savais que des tonnes de commentaires étaient produites chaque jour, accompagnées par le concert des pleureuses parmi lesquelles il devait compter, de son vivant, bien des ennemis et des esprits malveillants. Et puis je ne supporte pas les discours de circonstance, fussent-ils des éloges funèbres. J'aurais aimé qu'on respecte, après l'avoir deviné, mon vœu de silence.

Maintenant que la vague a reflué, je peux évoquer son souvenir sans avoir l'impression de participer à un concours d'hommages où chacun s'enorgueillit de liens privilégiés qu'il aurait eus avec lui et cherche à s'accaparer une part de son aura, voire de son héritage. Au risque de décevoir, je dois dire que, depuis le début des années quatre-vingt, où je me suis attelé à la traduction de ses œuvres, ce qui nous avait donné l'occasion de nous rencontrer à plusieurs reprises et de nous sentir proches, nous ne nous sommes revus par la suite que de loin en loin, notamment à la faveur de rencontres poétiques auxquelles nous participions tous les deux. La cause en est que Mahmoud n'était plus simplement un poète, et un grand comme il en existe encore parmi les poètes vivants. Qu'il l'ait voulu ou non, et je crois qu'il le vivait mal, le culte qu'on lui vouait dans le monde arabe en avait fait une sorte de star. Une foule d'admirateurs et de courtisans se bousculait autour de lui. Difficile dans ces conditions de lui parler d'homme à homme et d'échanger sereinement. Par chance, des occasions se sont présentées, rares il est vrai, qui nous ont permis de passer des soirées ensemble en compagnie de quelques intimes. Moments de détente où nous laissions au vestiaire couronnes et galons dorés attribués par la vox populi pour être nous-mêmes, des poètes pour la plupart exilés, vivant aux quatre coins du monde, portant chacun la marque d'origine de sa blessure mais travaillant tous à la régénération de la poésie, à la poursuite de son aventure, à sa crédibilité quand elle entend ne rien ignorer de la condition humaine et ne pas se croiser les bras ou reculer devant les poussées barbares.

Là, Darwich était un joyeux compagnon et un pince-sans-rire ayant opéré la synthèse entre deux grandes écoles d'humour : la british et l'égyptienne (il était anglophone et a longtemps vécu en Égypte). Il n'hésitait pas à participer au jeu de massacre symbolique visant nécessairement des personnes absentes que nous ne tenions pas en haute estime. Chacun sait qu'un brin de médisance soulage parfois. Bon vivant, il l'était s'agissant des nourritures et des breuvages terrestres, même s'il restait très discret sur d'autres plaisirs de la chair et ne parlait par exemple des femmes qu'allégoriquement, comme dans ses poèmes. C'est vrai qu'il était souvent, à son corps défendant, au centre de l'intérêt de la petite assemblée. Pressé de questions, il devenait disert. Mais il avait l'élégance de s'arrêter net pour pousser les autres à parler. Cela m'est arrivé avec lui lors d'une soirée où il avait senti qu'il monopolisait la parole. Ayant remarqué que mon ami le poète bahreïni Qassim Haddad et moi-même, appuyés l'un contre l'autre, boudions la discussion, il s'était tourné vers nous d'un air malicieux en faisant ce commentaire : « Abdellatif et Qassim s'entretaisent. » La formule en arabe (*yataçamatan*) était en outre un néologisme qu'il venait de trouver pour la circonstance.

En rapportant incidemment cet exemple de son sens aigu de la formule, je ne crois pas mieux illustrer l'une des réalisations majeures du poète Darwich : la subversion maîtrisée qu'il a opérée au sein de la langue arabe, cette vieille dame éminemment cultivée, hautaine, à cheval sur les règles de bonne conduite, veillant depuis des siècles à ce que rien ne soit dérangé dans l'ameublement, le décor et l'ordonnancement de sa maison. Ayant exploré les coins et recoins de la maison et poussé sa reconnaissance jusqu'à ses sous-sols et ses fondations les mieux enfouies, Darwich a fini par l'habiter à sa manière et y prendre ses aises sans se croire obligé de faire de courbettes devant la maîtresse des lieux. Disons qu'il a créé pour s'adresser à elle un langage à la fois respectueux de la bienséance et inventif, épousant les réalités et les exigences du monde moderne, porteur d'une liberté qui, sans insulter le passé glorieux, introduit subtilement l'avenir et en dessine la perspective. Bref, il a réussi à tailler dans le roc de la langue la sienne propre, tâche somme toute normale pour un poète, quel que soit l'instrument linguistique utilisé. Mais ce qui m'arrête dans le cas de Darwich, c'est l'étonnante adéquation entre sa langue écrite et sa langue parlée. Rares sont les écrivains et les intellectuels qui ne changent pas de registre quand ils passent de l'une à l'autre. Lui, non. À l'écouter discourir sur la poésie, s'exercer à l'analyse politique, parler de son parcours de vie, l'on se rendait compte immédiatement que son langage tranchait par sa singularité. Le lexique, l'argumentaire, l'articulation, la cadence suivaient à la lettre ceux que sa poésie a élaborés et auxquels elle nous a habitués. Et m'est avis que c'est là que réside le secret de la fascination qu'il exerçait sur ses auditeurs et ses interlocuteurs. À l'entendre et à le regarder, on avait devant soi la poésie faite homme.

Adieu, Mahmoud ! Je t'appelle juste par ton prénom, comme le font tous tes compatriotes depuis qu'ils ont découvert ce que tu représentes pour eux : non pas un père, un guide suprême, un gourou, mais un grand frère sur l'épaule duquel ils peuvent poser leur tête en toute quiétude. Y a-t-il pour un poète honneur plus précieux que de s'entendre invoquer et désigner par son peuple unanime juste par son petit nom ?

Mon amie la fourmi

Une année s'est écoulée depuis que j'ai commencé à rédiger cet ouvrage. Cela s'est présenté comme un journal intime se pliant à la chronologie, émaillé de réflexions sur l'écriture, le fleuve du temps, l'état alarmant du monde, les destinées humaines, la mienne y comprise. Mais peu à peu, sans que je l'aie prémédité, il a pris une orientation imprévue à la faveur de mes pérégrinations successives. De tâtonnement en tâtonnement, je me suis mis à revisiter des pans entiers de ma vie avec leur cortège de rencontres, de découvertes et de passions, tout cela en synchronie avec des expériences, des événements, des émotions, vécus au présent et dans le passé le plus proche. Le chamboulement du rapport au temps et à l'espace a conduit à un déplacement du genre de narration où je m'étais engagé initialement. Résultat : un OLNI (objet littéraire non identifié). Et c'est tant mieux !

La terre ferme enfin ! Je suis de retour à Créteil. L'appartement au premier étage de l'immeuble. La bibliothèque dans le couloir d'entrée. Le lit familier et mes livres de chevet. Le moucharabieh noir accroché au salon, symbole de ce qu'au pays les mains fertiles savent créer. La cuisine largement pourvue en épices, herbes aromatiques, piments forts, citrons confits prêts à servir. Les plantes des deux balcons en attente de mes soins et caresses de jardinier un peu fou. Et, lieu de mon travail, le bureau où tout est à ma portée : livres publiés, dictionnaires, cartes géographiques, ordinateur, fichier d'adresses, répertoires téléphoniques, dossiers, archives, agenda, enveloppes, lettres en instance, stylos, timbres, tickets de métro, ciseaux, coupe-ongles, cigarettes, verre de café, cartable et, rangées dans le placard, valises, au nombre de trois. Les murs sont tapissés de photos encadrées et de tableaux. Me faisant face, deux petits dessins de Mohammed Kacimi, l'ami disparu il y a cinq ans. Une sérigraphie de Nejib Belkhodja, peintre tunisien dont je viens d'apprendre la mort, survenue l'année dernière. Un instantané représentant la famille réunie posant devant la tour Eiffel à notre arrivée en France, en 1985. Jocelyne, Yacine, Hind et Qods y sont enlacés comme les doigts d'une main se refermant sur un cadeau inespéré. Je n'y figure pas puisque c'est moi qui ai pris la photo. Derrière moi, le portrait de mon père Driss dans son échoppe de sellier. Il est à la force de l'âge et sans sa moustache. Juste au-dessous, celui de Ghita, ma mère, « trempant ses yeux dans la drôle d'éternité », la tête tendrement appuyée sur celle de ma sœur Hayat. À côté d'eux, la belle affiche réalisée par Mohammed Chebaa et Mohammed Melehi pour accompagner la parution en 1968 du numéro de *Souffles* consacré à la littérature maghrébine. Une calligraphie du prodigieux Tunisien Nja Mahdaoui et l'original d'un collage de l'Italienne Laura Rosano, l'une des illustrations du livre pour enfants *Les Oiseaux du retour*, un choix de nouvelles traduites de plusieurs auteurs palestiniens. À ma gauche, juste à l'entrée de la pièce, une encre minuscule de Jilali Gharbaoui datant de 1966. Ici ou là, quelques-uns des objets fétiches que j'ai déjà évoqués dans mon *Petit Musée portatif* : sur mon bureau, le vieil encrier en céramique bleue et la panoplie des objets plantés dans ses alvéoles. Adossé à sa niche centrale, la statuette en ivoire d'un sage chinois soulevant d'une main la traîne de sa longue barbe. (Il a été acheté à Tanger par Jocelyne quand elle avait dix ans, et je ne sais plus dans quelles circonstances je l'ai « nationalisé » après notre mariage.) En haut de la bibliothèque, la paire d'étriers, unique souvenir matériel que je garde de mon père, et la tête d'Indien mochica en terre cuite rapportée par Robert (mon beau-frère) de l'une de ses expéditions au Pérou. Des images, des œuvres inspirées, des objets significatifs au milieu desquels je me sens en quelque sorte protégé, accompagné dans mon labeur quotidien. À ma droite, la fenêtre donnant sur le parc entourant l'immeuble. Elle offre à ma vue les trois arbres que j'ai connus petits à notre installation, ayant grandi depuis, chacun à son rythme. Autres compagnons, et je dirai même confidents de mes cogitations.

C'est mon île, plutôt mon atoll, d'où j'essaie de communiquer avec mes semblables dans ma langue d'adoption et, en cas de nécessité, en usant de signaux de détresse, de bouteilles jetées à la mer, pour laisser au hasard le soin de porter mes messages.

De nomade, empruntant le plus souvent la voie des airs, bivouaquant sous des tentes en dur, dormant seul dans des lits immenses, me voici sédentaire, ne sortant de chez moi qu'à contrecœur sauf quand je vais m'approvisionner, prendre un café à l'extérieur et en profiter pour observer l'allant et le venant, rendre leur sourire aux enfants que je croise et nommer l'essence des arbres sur mon chemin. De la porte de l'immeuble à la rue piétonne, il n'y a pas plus de trois cents mètres. En constatant cela, je pense à ma mère. Sa principale sinon unique sortie hebdomadaire était pour le hammam du quartier. Et la distance entre celui-ci et notre maison était à peu de chose près la même. Parfois, quand je suis dehors, j'ai l'impression de regarder avec ses yeux ce que je vois, de capter avec ses narines l'arôme douceâtre que dégagent les haies de troènes balisant mon parcours. Comment se fait-il d'ailleurs que ces arbustes à fleurs blanches au pistil jaune que je longeais chaque matin en me rendant à l'école primaire de Lamtiyine à Fès se retrouvent ici ? Y a-t-il là le signe d'une boucle en passe d'être bouclée ou un clin d'œil facétieux de la vie se moquant de mes prétentions à vouloir sonder l'infini de ses mystères ?

À part ces sorties, je me retrouve dans mon île, plutôt mon atoll, que j'arpente cent fois dans la journée. Homme au foyer, c'est ce que je suis ! Que j'écrive ou pas, les tâches ménagères m'appellent. Il y en a qui me rebutent à l'exemple du repassage et d'autres que j'exécute avec entrain en poussant la chansonnette. Ma manie de l'ordre et de la propreté inciterait d'aucuns à déceler chez moi des tendances dictatoriales. En fait, elle me vient de ce que j'ai longtemps observé dans la maison familiale. Ma mère, aidée de mes sœurs, commençait sa journée par le grand nettoyage. Les matelas étaient retournés, battus sans ménagement et rangés contre les murs. Le parterre, balayé, arrosé d'une eau savonneuse, puis raclé avant d'être inondé pour le débarrasser du savon, enfin trois fois plutôt qu'une éponge jusqu'à le rendre pratiquement sec. Mon statut de mâle m'interdisait de « mettre les mains dans l'eau », comme il se disait. Assis dans un coin, les jambes croisées sur une peau de mouton, je me contentais de regarder, et j'y prenais ce malin plaisir que l'on éprouve à observer une autre personne en train de travailler. Souvent ce plaisir m'était refusé car, manifestement, je gênais. On m'ordonnait d'aller jouer dehors, ignorant mon peu d'enthousiasme pour les jeux dans la rue. Je me sentais alors frustré de ne pas assister au branle-bas précédant la paix de la maison bien rangée, sentant bon le propre et les premiers effluves du tajine mijotant sur le brasero.

En m'activant chez moi aujourd'hui, muni d'appareils et utilisant des produits ménagers rendant la tâche infiniment plus légère que celle exécutée autrefois par ma mère et mes sœurs, que fais-je sinon soigner cette vieille frustration et exprimer en même temps ma reconnaissance, bien tardive il est vrai, à celles qui, leur vie durant, ont trimé dur sans soupçonner un seul instant que ce travail pouvait être équitablement partagé entre elles et les hommes ?

Et en m'activant dans la cuisine, tôt le matin, que fais-je ? Je m'offre le spectacle du jour qui se lève, de la course des nuages enveloppés d'une gaze de lumière hésitant entre les couleurs, du frémissement de quelque branche qu'une tourterelle vient de quitter pour aller se poser sur le toit de l'immeuble d'en face et de là appeler son conjoint à la rejoindre, de la bruine caressant les feuilles et humectant la terre d'une salive translucide ? Un plaisir qui, présenté ainsi, serait égoïste alors qu'il est mû par une attention louable : préparer le petit déjeuner et l'apporter au lit pour le partager avec ma compagne que j'ai laissée profiter d'un quart d'heure supplémentaire de sommeil.

La cuisine m'appelle aussi pour des tâches plus conséquentes, selon le menu du jour et surtout quand nous recevons la petite famille ou des amis. Et je prépare ce que je sais faire le mieux, à savoir ce qui m'a été transmis. Écartant les recettes transcrites dans les livres, je me fie à mon instinct. Pas question de peser les ingrédients solides, d'utiliser pour les liquides un verre mesureur, une cuiller pour la quantité de telle ou telle épice. Je fais mienne l'expression «Ton œil, c'est ta balance», et de mes doigts j'évalue sensitivement la pincée de gingembre, de cumin, de cannelle, ou la fine touffe d'étamines de safran. C'est à la couleur et à la consistance de la sauce réduite que je sais si la cuisson des viandes est atteinte. Il ne me viendrait pas à l'idée, pour m'en assurer, d'y planter un couteau. À chacune des opérations, ma main est comme guidée par la main de celle que j'observais en train de cuisiner quand je n'étais qu'un enfant. Ce qu'elle faisait, selon un protocole immuable de gestes médités, me fascinait. J'en suivais les étapes avec l'attention que je prêtais à l'instituteur français effectuant de sa belle écriture une démonstration au tableau. La science domestique sans paroles de ma mère supportait la comparaison avec le savoir prodigieux, tonitruant, du maître d'école.

Mon île, plutôt mon atoll gagné par la marée haute du souvenir en cet automne marquant un tournant de l'Histoire après le tsunami qui a déferlé sur le monde de la finance, porté un coup rude au dogme du libéralisme absolu et ébranlé la statue de son dieu unique : le Capital. En ce moment précis, et puisque j'ai parlé de cuisine, j'ai envie de contredire, au moins sur ce point, le visionnaire qui avait en son temps opéré à vif les tumeurs malignes du Système. En paraphrasant Marx, je dirai ceci : l'ère est venue où il faudra se décider de nouveau à faire la cuisine dans les marmites de l'avenir.

Le hasard a voulu que j'habite Créteil, dans la proche banlieue parisienne. Comment ai-je atterri ici en quittant le Maroc, il y a maintenant plus de vingt ans ? C'est loin, si loin, et pour m'en expliquer, il faut remonter encore plus loin dans le temps. Là, la technique de l'arrêt sur image cesse d'être utile. Une narration plus classique s'impose, ce qui ne m'enchante pas forcément. Mais quand il faut y aller…

18 juillet 1980, au soir. Le portail géant de la Maison centrale de Kénitra s'ouvre. J'enjambe le seuil avec le sentiment d'une seconde naissance. Quelques heures auparavant, j'étais en train de jouer au football avec mes camarades dans la grande cour du quartier A. Notre équipe avait pris un léger avantage sur la formation adverse en marquant un but ne devant rien à mes plus que modestes talents de sportif. La tournure du match devenait exaltante lorsqu'un gardien, tenant une feuille à la main, fit irruption et, réclamant d'une voix forte l'attention générale, égrena une liste de prisonniers sommés de ramasser leurs affaires et se présenter au bureau de la direction. Je figurais parmi les appelés. Transfert dans un autre quartier, un autre lieu de détention, ou alors, hypothèse incroyable, la classe (l'élargissement, dans le jargon pénitentiaire) ?

Des rumeurs avaient circulé au cours des années et des mois précédents sur d'éventuelles libérations : telle personne nommément ou tel groupe parmi nous. Mais, à la longue, nous nous étions blindés, et dans mon cas résigné à aller jusqu'au bout de ma peine, les dix ans auxquels on m'avait condamné et dont j'avais consommé, au moment où l'événement eut lieu, huit années et demie bien sonnées.

Au fur et à mesure que nous ramassions nos affaires, les rangions dans des cartons puis faisions nos adieux l'un après l'autre aux camarades que nous allions laisser derrière nous, l'hypothèse la plus heureuse se confirmait à des signes divers, le plus éloquent étant le changement d'attitude des gardiens à notre égard. Ils nous couvaient d'un regard inhabituel où se mêlaient l'envie, l'admiration et la déception du chasseur quand la proie qu'il a longtemps eue dans son viseur lui file brusquement entre les doigts. La nuit commençait à tomber quand on nous conduisit aux vestiaires. On nous fit ôter nos uniformes gris rayés et on nous restitua nos vêtements civils entreposés là depuis des lustres. La cérémonie ne laissait plus de place au doute. C'était bien « la classe » ! Et les gardiens, dans cette immense alcôve puant le renfermé et la naphtaline, ne s'en cachaient pas. On pouvait lire sur leur visage l'expression d'un soulagement, car après tout ils allaient se débarrasser d'une partie de la charge encombrante, particulièrement sensible, que nous, détenus politiques, représentions pour eux.

Je me souviens du costume vert en velours côtelé que j'ai revêtu. Remisé de force pendant toutes ces années, il était, quoique un peu fripé, comme neuf et, avec les dix kilos au moins que j'avais perdus, j'y flottais maintenant.

Nous suivîmes ensuite un dédale de couloirs inconnus, faiblement éclairés. Une rumeur sourde, filtrant on aurait cru de sous terre, nous parvenait des quartiers de détention où l'on devait s'activer fébrilement avant l'extinction des feux. Au sortir de ce boyau, la porte du bureau du directeur fut en vue. On nous introduisit à tour de rôle. Les premiers sortis arboraient un sourire éclatant, celui de la délivrance. De ma propre entrevue avec le maître des lieux, je n'ai gardé que quelques bribes : des considérations juridiques ânonnées brièvement, un papier informe, couvert de tampons, qu'il me remit visiblement à contrecœur et dont je pus lire à la dérobée le drôle d'intitulé : « Levée d'écrou », une question que je trouvai grotesque qu'il me posa au sujet de mon adresse à l'extérieur.

L'homme tentait de dissimuler sa mine défaite sous le vernis d'un sourire affecté. Il tordait sa lippe comme si on venait de lui ôter de la bouche un morceau de choix. Une envie folle me démangeait, celle de clore la cérémonie en lui administrant une paire de gifles. Pendant toutes les années où je l'ai eu constamment sur le dos, cette envie m'a poursuivi et il m'est arrivé en maintes circonstances d'être à deux doigts de la concrétiser, quitte à m'exposer aux pires conséquences. Il est vrai que, parmi la cohorte des petits satrapes qui ont sévi à nos dépens, celui-là plus que d'autres était la caricature de la tête à claques tant il était veule au physique et au moral. Mais là, une fois de plus, assurément la dernière, je me suis refréné en pensant peut-être que la meilleure gifle qu'il méritait, lui, ses commanditaires et ses sbires, viendrait en temps voulu, quand cette lie d'un pouvoir monstrueux finirait par être confrontée à ses actes et confondue par un tribunal rendant la simple justice.

J'ai décrit à chaud et de manière différente la même scène au début du *Chemin des ordalies*, paru en 1982. Le récit a continué par un va-et-vient entre le choc de la liberté recouvrée et l'épreuve étale de l'incarcération. Comme sur un métier à tisser, j'ai entrecroisé les fils soyeux, aux couleurs éclatantes, de mes premiers pas dans la vie du dehors (les retrouvailles avec les miens, le pays, les lieux familiers, la nature, la mer, etc.) et ceux rugueux, teintés d'un gris uniforme, de mes piétinements interminables entre les murs d'un cube en béton réglé selon les saisons sur la température d'une glacière ou d'un four.

Dédié à deux camarades, Miloud Achdini et Hassan El Bou, toujours emprisonnés alors qu'ils souffraient de graves troubles mentaux, le livre a pris le ton d'un réquisitoire contre le système infâme qui avait volé à la fine fleur de notre jeunesse ses années les plus belles et l'avait condamnée à la mort lente. Mais, tout en dénonçant, il posait les jalons d'une révision salutaire quoique déchirante de l'expérience militante qui nous avait menés là. Critique sincère de nos erreurs, nos errements idéologiques, notre dogmatisme, sans que cela remette en cause le bien-fondé de notre choix initial de la dissidence et du combat frontal contre un régime archaïque, faisant régner son ordre par le fer et le sang, n'admettant d'opposition que celle soumise aux règles du jeu qu'il avait établies au préalable.

Quand je pense au contexte politique dans lequel ce brûlot fut publié (nous étions au plus fort des années noires), je trouve franchement que je ne manquais pas d'air. À peine sorti de la gueule du loup, je me mettais en situation d'être de nouveau happé par elle, d'autant plus que je n'ai pas tardé à faire paraître coup sur coup

Chroniques de la citadelle d'exil, réunissant mes lettres de prison, *Sous le bâillon le poème*, écrit lui aussi derrière les barreaux, et *Histoire des sept crucifiés de l'espoir* (sous mon vrai nom alors que, pour sa première édition en France, j'avais utilisé un pseudonyme, Ali Ghassane), un autre réquisitoire contre l'une des pratiques les plus barbares du pouvoir : les exécutions politiques. Au fond de moi, je devais me dire que je n'avais plus rien à perdre et que c'était plutôt aux responsables de mon épreuve de payer à leur tour. Mon comportement résultait d'une promesse que j'avais formulée dans un poème écrit en 1972, quelques semaines après mon emprisonnement, se terminant ainsi :
« Nous verrons
qui est prisonnier de qui
qui jugera qui
qui condamnera qui. »
Cela faisait du bien de constater que la littérature permettait, du point de vue des victimes, de prendre au moins une revanche morale en interdisant l'oubli de ce qui leur avait été infligé. Il en allait autrement de l'impact direct qu'elle pouvait avoir sur la réalité, la conscience des gens, le cours du changement espéré. Là, il fallait raison garder et s'armer de patience.

Et j'en ai eu de la patience, plus qu'il n'en fallait, au cours de ces cinq années en divers points semblables au purgatoire décrit par Dante. J'essayais de me consoler par l'idée que je partageais ce malheur avec la grande majorité de mes concitoyens. Mais, à leur différence, je n'acceptais pas la résignation. Il m'arrivait même de leur en vouloir de ne pas chercher à se libérer du joug de la terreur régnante et de se réfugier dans une prudence frisant la lâcheté.

Le pays que je retrouvais était méconnaissable. La flamme de la résistance que mes camarades et moi avions brandie un temps avait été étouffée dans l'œuf. Vague après vague, la répression avait atteint son but, briser toute forme de contestation, ne laisser d'autre issue que la soumission, dans le meilleur des cas le compromis aux conditions dictées par le pouvoir. L'atmosphère était donc délétère, d'autant plus que les chiens de garde du régime ne m'avaient pas vraiment lâché. Dans la surveillance de mes faits et gestes, la discrétion n'était pas leur fort. Les marques grossières de leur intrusion dans mon intimité (courrier, téléphone, etc.) comportaient un message : il ne fallait pas que je me berce de l'illusion de la liberté. La prison se poursuivait par d'autres moyens. Oser penser avait un coût : l'angoisse de la limite à ne pas dépasser. Bref, pour un écrivain de mon espèce, le comble de l'irrecevable, de l'insoutenable. Face à cela, j'étais acculé à la bravade. Et je n'ai pas hésité à reprendre du service en participant notamment à des projets culturels susceptibles de ranimer le débat d'idées et secouer la chape de plomb qui écrasait les libertés. Le support en était des revues récemment créées ou que j'ai contribué à lancer. Mais bien vite ces tribunes, perçues comme un nouveau pôle de résistance intellectuelle, ont été brutalement interdites. Une perte irréparable pour la pensée libre et, à mon niveau, un bâillonnement sans appel. Si l'on ajoute à cela que les portes d'un travail alimentaire m'étaient fermées et que j'étais privé de passeport, l'impasse devenait totale. Le texte intitulé « Libéré, je revendique ma liberté », que j'ai réussi à faire paraître dans le journal *Le Monde*, résumait bien ma situation d'alors et augurait du dilemme que j'allais vivre douloureusement : rester, partir. Accepter une nouvelle forme de mort lente ou affronter les déchirements de l'exil.

Ceux, celles qui ont lu mon récit *Les Rides du lion*, publié en 1989, savent ce qu'il m'en a coûté de trancher pareil dilemme et la fêlure que mon départ du pays a occasionnée dans mon être. Je préfère ne pas revenir là-dessus. Par contre, il ne me semble pas inutile d'évoquer quelques péripéties ayant précédé l'événement et dont je n'ai pas eu jusqu'ici l'occasion de parler.

Une fois ma décision prise, deux solutions se présentaient à moi : chercher à quitter le pays clandestinement, ou bien entreprendre des démarches pour obtenir un passeport et, de là, opérer le grand saut. J'ai d'abord envisagé la première. Du temps de l'action clandestine, des réseaux de soutien à notre lutte s'étaient mis en place avec pour tâches d'acheminer le courrier, trouver des planques pour les militants recherchés et organiser en cas d'extrême nécessité une filière pour leur faire traverser les frontières. Ils étaient constitués de personnes insoupçonnables, des coopérants étrangers, français pour la plupart, mais d'autres nationalités aussi, à l'exemple de Piera Di Maggio, cette Italienne héroïque qui finira par être arrêtée, torturée sauvagement et emprisonnée alors qu'elle était à un âge avancé. Cependant, il se trouve que, au moment où la question s'est posée pour moi, ces réseaux avaient été eux-mêmes affectés par la répression. Certains de nos amis, se sentant exposés, avaient dû prendre les devants et quitter le pays. D'autres, dont les activités avaient été percées à jour par les enquêteurs, avaient fait l'objet de mesures expéditives d'expulsion. L'entreprise s'avérant plus que hasardeuse, il m'a fallu déchanter et me rabattre sur la deuxième solution : l'obtention d'un passeport.

Là, un long parcours du combattant m'attendait. Où qu'ils soient, les labyrinthes de la machine bureaucratique se ressemblent. À l'entrée, on tombe immanquablement sur le même préposé à l'enregistrement de la demande, posté dans un cagibi donnant sur un couloir sombre. Impénétrable, presque affable, il vous couve d'un regard où transparaît une vague pitié. Il ouvre un dossier crasseux aux angles élimés et vous remet une liste de documents à fournir qui a pour originalité de rester ouverte. Chaque fois que vous croyez en avoir réuni les éléments après une tournée harassante dans plusieurs administrations, vous découvrez que vous êtes loin du compte. Il vous manquera toujours le papier plus indispensable que les autres, le nombre suffisant de photocopies d'icelui et l'exemplaire qu'il faut impérativement certifier et accompagner de votre signature légalisée. Dans l'économie plus ou moins souterraine du pays, m'est avis que les rentrées générées par l'activité incessante des photocopieuses sont à classer parmi les plus juteuses. Et ne parlons pas des revenus supplémentaires tirés de ces timbres de quittance qu'il faut fournir pour chaque feuille et sur lesquels le préposé finit par apposer d'un coup sec le tampon de la délivrance. Une fois les formalités accomplies, le dossier bouclé, se pose alors le problème du délai. À la question de quand le document sera prêt, la réponse est évasive. Ce que l'on vous suggère, dans votre intérêt, c'est de revenir de temps à autre vous en enquérir. Après la liste ouverte vient l'expectative ouverte.

Si l'on compare ce scénario à ceux de type kafkaïen, une différence saute aux yeux. Il me semble, et je peux me tromper, que, dans la machine à broyer l'humain imaginée par l'auteur du *Château*, ce qui se passe en bas de l'échelle est le signe annonciateur d'un processus à la logique implacable enclenché par une instance obscure qui manipule les fils de la destinée individuelle en voie de basculer. Le premier palier renvoie au second, et ainsi de suite. La pièce jouée est donc de facture tragique. Au Maroc, l'on n'a pas besoin d'être un fin observateur ou un métaphysicien chevronné pour constater que l'on est en pleine farce. Le fonctionnaire auquel vous avez affaire est là pour entretenir l'illusion d'un service public. Tel un automate, il mime les gestes administratifs en sachant que rien de concret n'en sortira tant que l'ordre ne viendra pas d'en haut, dicté par le caprice du prince.

C'est ce que j'ai mis du temps à comprendre. Rien ne me servait de rassembler les documents du ciel et de la terre, de me mettre chaque jour dans les interminables files d'attente, d'espérer semaine après semaine, mois après mois, la bonne nouvelle. Même la corruption, chose que j'abhorre, aurait été infructueuse dans mon cas. Il fallait me résoudre à une autre stratégie : ravaler ma répulsion à l'égard des détenteurs du pouvoir, aller frapper directement à leur porte et prendre mon courage à deux mains au moment où je les regarderais dans les yeux.

Pour en arriver là, un coup de pouce était nécessaire, et il m'est venu des bonnes volontés qui avaient agi pendant de longues années, notamment en France, afin d'obtenir ma libération anticipée. On a beau dire, la pression internationale finit par faire reculer les pouvoirs dictatoriaux les plus retors, le régime de l'apartheid en Afrique du Sud en étant le meilleur exemple. Dans mon cas, la mobilisation des organisations de défense des droits humains, des intellectuels, des équipes de revues prestigieuses, jointe aux interventions de certaines personnalités politiques, avait été déterminante. Alertées de nouveau sur l'impasse où je me trouvais, elles n'ont pas ménagé leurs efforts.

Peu à peu, les choses ont pris la tournure que j'aspirais à leur donner : la question de mon passeport devenait une affaire d'État. La démonstration était faite qu'un des droits élémentaires du citoyen relevait du bon vouloir d'un seul homme, le roi en l'occurrence. Finis les faux-semblants, les méandres bureaucratiques, la pléthore des papiers, la farce des délais. Je devais arracher mon droit d'entre les mains de celui qui s'était arrogé tous les droits. La bataille, même feutrée, en valait la chandelle.

C'est ainsi que je me suis retrouvé un jour dans le bureau du maître des basses œuvres, le vizir omnipotent du royaume, Driss Basri. L'homme au physique ne m'a pas paru différent de celui que je voyais à la télévision. Mais à la mine revêche que les caméras montraient s'était substituée une espèce de bonhomie feinte. Ses manières de paysan mal dégrossi s'étaient évanouies au profit d'une retenue dans les gestes et le maintien. Le costume qu'il revêtait, élégant quoique de teinte grisâtre, semblait avoir déteint sur sa personne. Seule constante, et de taille, sa voix de stentor au timbre monocorde, avec cela grasse, caverneuse. La voix que l'on imagine celle d'un tortionnaire au cours d'un cauchemar. Sur ce point, il était bien servi par la nature.

À cet accueil respectant les règles de la civilité, j'ai vite compris que la décision avait été prise en haut lieu et qu'il n'était là que pour rallonger la sauce. Mon statut de ver de terre changeait radicalement du simple fait que le Patron avait donné son feu vert. Le vizir était renvoyé à sa condition de sous-fifre. À ses yeux, j'avais acquis subitement une virginité morale et politique, et son souci était maintenant de me prémunir contre les dangers auxquels je m'exposerais si d'aventure je me rendais à l'étranger. Je risquais de faire de mauvaises rencontres et les « ennemis du Maroc » (expression en vogue en ce temps-là et aujourd'hui encore) ne tarderaient pas à rôder autour de moi. Pour preuve de ce qu'il affirmait, il sortit d'un des tiroirs de son bureau deux disques avec mon nom imprimé sur la pochette en compagnie de celui de l'auteur, le musicien Saïd Al Maghribi, vivant en exil. J'avais eu vent d'un travail que ce dernier avait fait sur quelques-uns de mes textes, mais je n'étais pas au courant de la parution de ces 33-tours. Ayant remarqué ma surprise, le vizir fit preuve d'un humour que je n'aurais jamais soupçonné chez lui.

– Voyez-vous, dit-il, on se sert de vous, sans même se soucier de vos droits d'auteur !

Tout cynique qu'il fût, ce discours m'a arraché un sourire.

Je suis sorti de l'entretien les mains vides, avec toutefois la promesse que l'affaire était en bonne voie. Peu de temps après, j'ai reçu un coup de téléphone du Cabinet royal allant dans la même direction, puis une convocation du gouverneur de Rabat, à laquelle je me suis rendu. Mon attente a été de courte durée. On m'a fait signer une décharge et on m'a remis le passeport vert avec au milieu, rehaussées de dorures, les armoiries de la monarchie.

Après la porte de la petite prison, celle de la grande s'ouvrait enfin devant moi.

Je ne l'ai pas franchie tout de suite. Parmi les multiples facettes de l'arbitraire, il en existe une où celui qui tire les ficelles s'amuse, pour meubler son ennui, à des jeux sadiques. La victime sur laquelle il a perdu son pouvoir de vie ou de mort devient entre ses mains un jouet qu'il se plaît à déboussoler à l'instar de la fourmi que des gosses mal élevés s'ingénient à tourmenter en dressant des obstacles sur son chemin, en lui ôtant la miette de pain, la graine qu'elle transporte sur son dos et qu'elle a mis un temps fou à traîner jusqu'aux abords de sa maison.

La meilleure illustration de ce que j'avance est ce qui s'est passé à ma première tentative d'étrenner ma précieuse acquisition et de quitter le territoire national. Une organisation médicale suisse alertée par le passé sur mes problèmes de santé m'avait invité à me rendre à Genève pour subir des examens approfondis dans une institution spécialisée. Mon voyage et mes frais de séjour étaient pris en charge. L'aubaine était inespérée.

Je prépare donc ma valise et me rends à l'aéroport de Casablanca, un caillou dans la gorge. L'enregistrement se passe bien. Je fais mes adieux à ma femme et me présente au guichet de la police. L'inspection du passeport et de mon visage prend du temps, mais le fonctionnaire finit par tamponner le document. Je suis dans la salle d'embarquement quand un policier, après avoir balayé du regard la foule des voyageurs, m'avise, s'approche de moi, s'assure de mon identité et me demande de le suivre au bureau du commissaire de l'aéroport. Une sensation de déjà-vu. Dans une vie antérieure, le bureau du commissaire était l'antichambre de la cellule d'isolement, puis de la salle où les techniciens de l'aveu vous attendaient de pied ferme. J'essaie de m'ôter de l'esprit ces réminiscences, de peser le pour et le contre. Non, il n'est pas concevable qu'un tel scénario se reproduise. Qu'ai-je fait qui puisse me valoir une nouvelle plongée dans l'inframonde ? Encore que. Les activités que j'ai déployées depuis mon élargissement serviraient le cas échéant de prétexte. Un propos dépassant la mesure tenu en public, une déclaration faite à la presse étrangère, insupportable par définition, une blague échangée avec un ami au téléphone, un lien maintenu avec tel ou tel compagnon de lutte, n'importe quoi pouvait être revêtu des oripeaux du délit. Il suffisait d'une de ces sautes d'humeur proverbiales du grand manitou pour que, sans avertir, les concessions faites à l'opinion internationale soient remises en cause. Et alors, au diable la jolie vitrine de libéralisation qu'il s'est forcé à soigner.

Je n'ai pas de souvenir précis de la tête qu'avait le commissaire de l'aéroport. Avec le nombre de ces « interlocuteurs » que j'ai eus devant moi, leurs faces sont devenues interchangeables. Par contre, de leur odeur il m'est resté un relent fauve, identique, qui m'aide à les reconnaître sur-le-champ.

À mon étonnement, le fauve ne manifeste pas d'agressivité à mon égard. Il me restitue d'abord mon passeport et m'informe sur un ton assez neutre que je suis interdit de sortie pour la raison incroyable que voici : je suis poursuivi dans une affaire de détournement de mineur ! À ces propos, je me sens soulagé, malgré la frustration subie. L'entourloupe est grossière et j'en déduis automatiquement que celui qui tire les ficelles n'a tout bonnement pas envie de me lâcher la bride. La fourmi que je suis doit se chercher de nouveau une miette, une graine, et entreprendre avec sa charge sur le dos un autre périple vers sa maison.

À ma sortie dans le hall de l'aéroport, je vois à la mine atterrée de mon épouse qu'elle a été mise au courant. Devons-nous en rire, en pleurer ? J'essaie de m'imaginer avec une tête de satyre et de mesurer le désarroi de ma fidèle compagne découvrant la face hideuse que je lui avais cachée. Nous rions de ces élucubrations qu'elle a devinées on dirait. Notre complicité est si grande que nous sommes devenus au fil du temps des experts de l'univers de l'absurde. Sur le chemin du retour à Rabat, l'humeur est presque joyeuse.

J'obtiens rapidement un entretien avec le bras droit du ministre de l'Intérieur. J'exige des explications. L'homme me rassure, un éclair de malice dans les yeux. Il s'agit d'une méprise. L'interdiction de quitter le territoire ne me vise pas personnellement. Elle a été émise contre un individu recherché pour détournement de mineur qui se trouve être mon homonyme. Mon œil ! pensé-je. Les familles portant le même nom que moi sont peu nombreuses et nous les connaissons presque toutes. Si on ajoute à cela le prénom, il est pratiquement impossible qu'un homonyme parfait puisse exister. Mais bon, peu importe, il faut tester de nouveau mon passeport, et on verra ce qu'on verra.

Quelque temps plus tard, nous décidons ma femme et moi de prendre des vacances afin de nous changer les idées. La destination rêvée pour nous est l'Espagne, et de là, pourquoi pas, le Portugal que nous ne connaissons pas. Cette fois-ci, nous allons essayer la voie terrestre. Arrivés à Tanger, nous prenons les billets pour la traversée en bateau. L'angoisse nous tenaille. Derrière la file des voitures s'apprêtant à l'embarquement, je me fais tout petit dans la Renault 12 que nous venons d'acquérir. Je voudrais me rendre invisible. Plus que quelques mètres avant de franchir le pont et de s'engouffrer dans la cale. À la mine soucieuse du policier contrôlant une dernière fois nos passeports, je sais qu'il y a davantage qu'un grain de sable dans la machine. Je suis invité à sortir de la file et me ranger sur le côté. Le policier disparaît, emportant le document si chèrement acquis. Quand il réapparaît, il me le jette comme s'il s'agissait d'un faux et m'ordonne de faire demi-tour. Inutile de demander des explications.

Malgré mes déboires, je décide de ne pas m'inscrire, comme on m'y encourage lourdement, à la secte des fatalistes. Devant ce que je considère être un baroud non d'honneur mais de déshonneur de la part des responsables, je ne lâche pas prise. Le surlendemain, après des coups de téléphone bien placés, nous nous présentons derechef à l'embarquement, et cette fois-ci, miracle ! Le policier reconnaît l'authenticité de mon passeport et fait le geste nonchalant de la main qui signifie : Passez !

Je fonce et crois entendre mon amie la fourmi crier à pleins poumons : Victoire !

L'île des Ravageurs

Quand je pense avec le recul à mon arrivée en France, je me dis que cette destination était la plus logique, la seule possible en ce temps-là. Deux de nos enfants nous avaient précédés pour entamer des études universitaires. Une nouvelle séparation avec eux m'eût été insupportable. Nous avions besoin de rattraper ne serait-ce qu'en partie le temps perdu et reconstruire une relation brutalement interrompue alors que l'aîné n'avait que sept ans et la cadette cinq ans et demi. Sans me sentir coupable de ce qui nous était arrivé, je n'en concevais pas moins une sorte de mauvaise conscience dont, chose étrange, je n'ai pas réussi à me débarrasser entièrement par la suite. Je voyais donc dans ce que l'on appelle aujourd'hui le regroupement familial un premier geste de réparation.

Par ailleurs, j'avais l'assurance une fois sur place qu'on nous trouverait un logement et que je bénéficierais d'une bourse d'aide à la création afin de parer aux plus pressants de nos besoins. La patrie des droits de l'homme se montrait à la hauteur de sa réputation, du moins à cette époque. Venant de là où je n'étais qu'un sujet sans droits notables, où mon activité d'intellectuel était tenue en suspicion et, le cas échéant, criminalisée, j'abordais une terre bienveillante à l'égard des exclus de mon espèce.

Pouvais-je rêver mieux pour retrouver le goût de la liberté, le sentiment de la dignité, jouir d'une vie familiale normale et apaisée, me consacrer dans la quiétude à mon travail ? Mille fois non ! Et pourtant, en réfléchissant après coup au choix qui a déterminé durablement ma vie dans l'Hexagone, je constate qu'il s'est fait au détriment de besoins inexprimés, voire inavouables, que j'ai dû ravaler. Si j'avais été capable, chose inconcevable, de mettre en veilleuse mes devoirs et obligations, je me serais laissé entraîner par certains de mes désirs les plus enfouis. J'aurais, par un acte inconsidéré, tourné le dos à un chemin balisé, offrant tous les avantages, et me serais engagé dans des pistes à peine tracées, périlleuses à souhait, parsemées de défis d'une autre nature que ceux affrontés par le passé. Le cours de mon destin et de ma pratique littéraire en aurait été radicalement changé.

Citons pour commencer le fantasme le plus troublant sur lequel il me coûte de mettre des mots tant je l'ai porté en moi comme une tare honteuse. Pourtant, dans ma fréquentation assidue de la littérature et des arts, j'ai eu l'occasion de l'observer chez nombre de créateurs tourmentés. Je parle de cette fascination qu'une expérience des limites peut exercer et des pulsions incontrôlables qu'elle finit par provoquer qui conduisent à tout rejeter, abandonner : l'identité que l'on n'a pas choisie, l'adresse fixe, le pays, la famille, les amours, les liens sociaux, les responsabilités, le travail, les repas à heure fixe et même l'hygiène, pour aller vagabonder jusqu'à la fin du monde reconnu en mendiant sa nourriture et dormant à la belle étoile. Divorcer ainsi avec la société humaine pour n'avoir plus d'interlocuteurs que les animaux, les arbres, les cours d'eau, les vagues de l'océan, les pics des montagnes, les grottes, l'œil brûlant du soleil, les lèvres glaciales de la lune, l'esprit des cailloux, du sable, du vent, du tonnerre, de la pluie. Une façon de se punir d'avoir appartenu à une espèce féroce, experte en boucheries, fossoyeuse de tous les rêves qu'elle a conçus, vénale jusqu'à l'os, coïtant inconsidérément et se lavant les mains du sort de sa progéniture, oublieuse et indifférente, s'entretuant sans états d'âme pour faire régner les lois iniques de son dieu unique ou de la foule de ses idoles, guettant dans des cieux désespérément vides le miracle qu'elle pourrait créer de ses propres mains, traquant et avilissant les égarés, les errants qui ne se réclament d'aucune horde. Une façon de broyer son corps pour en extirper les désirs qui l'ont meurtri et les jeter aux chiens, et d'un coup sec étourdir l'esprit qui a prétendu s'opposer à l'irrationnel et l'ordinaire des barbaries. Et pour finir, à l'exemple de ces Peaux-Rouges avertis de l'heure où il faut disparaître, s'étaler sur un promontoire donnant sur un précipice et livrer sa dépouille à qui en voudra, rapaces ailés ou charognards des dunes, asticots abrégeant la décomposition, préparant le retour à la terre vorace et nourricière, l'entrée dans le néant.

Voilà au moins une facette que l'on ne me connaissait pas. De l'avoir éclairée me soulage vraiment. Et tant pis si des esprits malveillants y trouvent matière à ternir l'icône, dernier de mes soucis.

Mieux défendables selon les moralement et politiquement corrects, il y avait d'autres pistes que j'aurais pu emprunter si le désir d'un changement radical de cap avait pris le dessus. Il m'arrive encore de me les représenter et d'échafauder en imagination le scénario des tribulations que le destin m'aurait alors réservées.

La première m'aurait conduit au Proche-Orient, plus exactement au Liban, que j'avais découvert en 1970. À l'invitation d'Adonis, j'y avais participé à une rencontre des poètes du monde arabe qui allait faire date dans les annales littéraires. Plus qu'un festival, ce rassemblement à Beyrouth avait été conçu par son initiateur comme un manifeste de la poésie d'avant-garde qui avait éclos partout en ces années-là, du Maghreb aux pays du Golfe. Contrairement au Maroc, où d'aucuns tenaient en suspicion l'écriture en français, ici les considérations de langue d'expression passaient à l'arrière-plan, le vrai critère d'appréciation étant ce que l'expérience de tel ou tel participant apportait à la modernité poétique. J'ai donc pu lire en toute sérénité mes textes en compagnie d'autres poètes de langue française comme Nadia Tuéni et Gabriel Fouad Naffah. Si scandale il y a eu par la suite, alimenté par une partie de la presse locale avocate d'un nationalisme chatouilleux, ce n'est pas à cause de mon élocution aux consonances étrangères mais du contenu assez incendiaire de mes poèmes, notamment celui qui s'attaquait nommément au « Rossignol de l'Orient », la diva de la chanson arabe Oum Kalthoum, en comparant les effets que son art produisait dans la conscience collective à un opium du peuple.

En dehors de cet incident m'ayant valu d'ailleurs de mes pairs davantage de considération, mon plaisir était grand de constater que, dans un pays arabe jusqu'à la moelle, le bilinguisme battait son plein sans que l'esprit de tolérance en pâtisse. Je me suis dit : Voilà le lieu où je devrais être pour prendre de la hauteur et opérer un nouveau tournant. Beyrouth vivait ses heures glorieuses. À bien des égards, il me rappelait Paris, en plus petit certes, mais sans certains inconvénients de la Ville lumière, mythique pour moi à l'époque. Ici, je me sentirais moins étranger, moins écrasé par le poids d'une histoire dans laquelle je n'avais pas eu mon mot à dire. Ce qui se jouait à Beyrouth était dans la continuité de ce que je vivais au Maroc, tout en bénéficiant d'une caisse de résonance qui l'amplifiait considérablement et en assurait l'impact. La ville était une ruche débordante d'activités. Plaque tournante de l'édition, de la traduction et de la diffusion du livre, elle attirait de partout les militants politiques rêvant de changer le monde arabe, les écrivains et les intellectuels impliqués dans la régénération des arts et de la pensée. Les centres culturels et les institutions de recherche y étaient légion. Les cafés et les restaurants bruissaient de débats passionnés, les rencontres prévues et imprévues succédaient aux rencontres. On se battait pour régler les additions dans la pure tradition arabe et l'on se quittait en s'arrachant difficilement à des étreintes viriles. En ces années-là, les rêves s'inventaient et devenaient palpables. Beyrouth dont je suis tombé amoureux, que je n'ai plus revu après la foudre qui l'a frappé et défiguré, à qui je dois l'enchantement d'avoir senti palpiter en moi, telle une chrysalide prête à prendre son envol, la fibre arabe.

Ce que j'y ai vécu avec une force touchant à la révélation était en fait l'aboutissement d'une longue maturation. Comme je l'ai déjà affirmé en méditant sur l'expérience des années soixante, la conscience de mon « arabité » a été relativement tardive. Au début de l'expérience de *Souffles*, la décolonisation culturelle était la priorité. Une révolution d'ordre esthétique et une mobilisation de la pensée critique devaient en être les instruments. Le Maroc et plus largement le Maghreb en étaient le champ naturel, privilégié, d'expérimentation. Sur ce, la guerre de juin 67 est intervenue. La politique mondiale s'invitait brutalement, dévoilant de l'iceberg colonial sa grande masse immergée, imposant de faire face non plus à un fragment mais à la totalité, reposant différemment et avec une acuité redoublée les questions du « qui suis-je, qui sommes-nous ? ». Les engagements pris à partir de ce moment-là, notamment auprès des Palestiniens, avec pour commencer la traduction de leurs poètes, ont refaçonné ma pratique sociale et intellectuelle, rebrassé les cartes de mes urgences. Ils se sont accompagnés en toute logique d'une boulimie de connaissance de la culture arabe et d'un effort acharné de maîtrise de la langue de mes ancêtres dont l'école coloniale m'avait frustré. C'est en me réappropriant progressivement cet héritage que je me suis rendu compte combien il m'avait manqué. J'étais en quelque sorte infirme, et il m'a soigné, m'a permis de me reconstruire.

On a eu beau dire, à l'époque écrire en français n'allait pas de soi, n'était pas de tout repos. N'y avait-il pas comme une contradiction dans les termes du fait d'user de la langue de l'ancien colonisateur pour faire le procès de son entreprise et se libérer de sa domination, encore tangible au lendemain de l'indépendance ? L'idée émise par Kateb Yacine d'un « butin de guerre » ne me convainquait qu'à moitié, pas plus la non moins belliqueuse invite de Mohammed Khaïr-Eddine à pratiquer une « guérilla » au sein de la langue d'adoption. D'un autre côté, j'étais peu sensible aux chants du cygne émanant d'Albert Memmi et de Malek Haddad, l'un annonçant la mort prévisible de la littérature maghrébine d'expression française, le deuxième incitant au choix du silence plutôt que l'exil dans une langue d'emprunt.

N'étant pas dupe des contradictions inhérentes à notre pratique littéraire, j'avais une position pragmatique que j'étayais par le droit de l'écrivain à user de la langue qu'il maîtrise le mieux, sinon par le respect de sa liberté à écrire dans l'idiome de son choix. Les attaques virulentes de ceux qui cherchaient à dénier toute légitimité à notre production du simple fait qu'elle n'était pas rédigée en arabe ont eu un temps, puis elles se sont essoufflées. Au-delà des enjeux de cette bataille et de sa rudesse, j'en déduisais au moins une chose, pour ma gouverne. Que j'écrive en arabe ou pas n'était pas la question essentielle. Ce que j'avais de pressant à dire ne pouvait pas attendre ma reconversion linguistique. Il fallait l'exprimer avec les moyens du bord, sans culpabilité inhibante ni exaltation débordante. Oui, j'étais en tant qu'écrivain le produit d'une histoire peu soucieuse de moralité, mais je n'en étais pas responsable. Cela dit, je ne pouvais plus tolérer la dépossession dont j'avais été victime, et il m'appartenait dorénavant de combler mes manques, de reconquérir ce que l'on m'avait usurpé.

C'est ce à quoi je me suis attelé pendant des années et que le choc de Beyrouth est venu couronner en me mettant entre les mains une nouvelle feuille de route. Peu après, la prison est intervenue, m'offrant au moins une « chance » : du temps à volonté pour pousser le plus loin possible mon instruction. À ma sortie, j'étais devenu bilingue, aussi parfaitement qu'on puisse l'être. J'avais étanché en bonne partie ma soif aux sources de la culture arabe. Cet accomplissement m'avait apaisé. Je me délectais des prémices d'une harmonie que je ne croyais pas possible auparavant.

J'usais enfin de mes deux jambes pour marcher. Finis le traumatisme colonial et les rancœurs l'ayant accompagné. Place à une nouvelle genèse de mon être, librement pensée.

Pour réaliser pareil œuvre, y avait-il théâtre plus approprié que Beyrouth ? La feuille de route qu'il m'avait mise entre les mains était sérieusement argumentée. Il fallait fermer les yeux et se jeter à l'eau. Mais la nécessité, armée du principe de réalité, a pris les devants. Elle m'a arraché la feuille des mains.

La deuxième piste que j'aurais pu suivre n'était pas aussi balisée. Elle relevait au début d'un fantasme assez flou qui a mis du temps à se préciser. Je ne m'étendrai pas là-dessus car il renvoie à ce que j'ai rapporté précédemment en essayant de comprendre le « syndrome andalou » qui m'a affecté « à l'insu de mon plein gré ». Mais juste quelques détails que j'ai omis de signaler. Sans parler de hasard, l'idée de l'Espagne m'est venue de façon inattendue.

Retour en arrière. Hélas, il va falloir encore parler de prison. Patience !

Après la condamnation au procès de 1973, nous avons quitté la prison civile de Casablanca pour être transférés à la Maison centrale de Kénitra. Les conditions de détention se sont relativement améliorées. À l'isolement dans des cellules individuelles a succédé notre installation dans un quartier à nous seuls réservé. Nous avions le choix de nous regrouper par affinités dans des cellules collectives et nous disposions d'une vaste cour de promenade. Au lieu des deux couvertures usées jusqu'à la corde dont nous devions étaler l'une directement sur le ciment et de l'autre nous couvrir, on nous a distribué des paillasses rembourrées de crin végétal et le minimum de matériel de couchage qui allait avec. Dès lors, une vraie vie collective pouvait s'organiser, et, en militants à la discipline de fer, nous n'avons pas tardé à en instaurer les fondements sur le modèle des Soviets. En clair, cela donnait plusieurs commissions, chargées qui de l'intendance, qui de l'information, qui de la coordination entre les différentes sensibilités idéologiques (toutes se réclamant du marxisme mais ne s'en opposant pas moins, parfois violemment), et ce afin de sauvegarder l'unité face à l'administration pénitentiaire. Le sourire en coin qui transparaît de mes propos est celui de la tendresse tant il est vrai que cette expérience a été exemplaire et salutaire à la fois. En quelques mois, notre quartier s'est transformé en une véritable université populaire. Nous avons pu obtenir quelques tables d'écolier pour travailler. Celui qui savait enseignait à celui qui ne savait pas, dans n'importe quelle matière. La bataille fut rude, mais nous avons imposé le droit de présenter ceux qui en avaient le désir à des examens allant du certificat d'études primaires à la licence en passant par le baccalauréat. Les livres que les familles apportaient étaient confiés à des « bibliothécaires » qui en assuraient la distribution selon un système de roulement adéquat[1]. Les « paniers » qui rentraient lors des jours de visite étaient pris en charge par une commission ad hoc, et les victuailles réparties entre les cellules de façon égalitaire en procédant par tirage au sort. Et adieu les *chhiwates* (gâteries) préparées par les familles à l'intention

---

[1]. Quelques années plus tard, même une revue littéraire au titre évocateur, *La Cour*, a été créée. Calligraphiée en trois exemplaires, elle circulait de cellule en cellule et a permis à des talents cachés de s'exprimer à côté de talents confirmés.

de leur chéri préféré. Il fallait ne pas léser les camarades ne recevant que rarement des visites. Même règle pour les produits de toilette, les cigarettes. Le zèle s'étendait en cas de besoin jusqu'aux sous-vêtements. Il y eut bien des grincements de dents et des velléités de révolte contre cet ultra-démocratisme frustrant pour les mieux lotis. Rien n'y fit. Nous avions l'occasion de démontrer que le socialisme n'était pas une vue de l'esprit et nous n'étions pas peu fiers de l'avoir, à notre petite échelle, ainsi adapté et réellement établi.

Et l'Espagne, alors ? Un moment, j'y viens. Pour une fois que je peux parler sans déplaisir de la prison !

Peu attiré par l'intendance ou les pourparlers entre différentes factions politiques, je me suis rabattu sur des tâches davantage en harmonie avec mes compétences : l'enseignement et l'information. Comme apport à cette dernière, il y avait bien sûr les nouvelles que je rapportais du parloir. Mais là, la concurrence était sévère et m'est avis que, sur ce terrain, l'éthique que nous nous efforcions d'instaurer n'atteignait pas des sommets. L'information était un enjeu de pouvoir. Celui qui la détenait soi-disant de « sources sûres » et surtout l'annonçait avant les autres en retirait une gloriole peu compatible avec les mœurs prolétariennes. Je préférais abandonner ce jeu dangereux et recourir à une source moins disputée : la radio. Nous avions réussi à faire entrer clandestinement des petits transistors grâce auxquels nous captions diverses stations : la BBC, RFI, et même Tirana et La Voix du Polisario. Toutefois, les mieux audibles se sont avérées celles qui diffusaient d'Espagne, notamment d'Andalousie. On aurait cru que Radio Sevilla avait une antenne de relais juste en bas des murailles de la prison. Je me consacrais à cette tâche après l'extinction des feux. Par mesure de sécurité, j'utilisais des écouteurs et, pour étouffer encore plus le son, je me couvrais entièrement la tête.

En suivant les bulletins espagnols, je me rendis compte que j'en saisissais assez bien le contenu, ce qui m'encouragea à aller plus loin en me mettant à l'étude de la langue, avec l'Assimil comme méthode. Mes progrès furent rapides, d'autant plus que l'actualité en Espagne requérait toute mon attention. Nous étions en 1975. L'agonie de l'Aigle de La Coruna, Franco, était de bon augure. Les luttes pour la démocratie qui s'intensifiaient dans le pays étaient pour nous une source d'espérance. Bientôt, la Révolution des œillets éclata au Portugal, ouvrant la voie à l'indépendance de ses colonies. Mes efforts d'apprentissage de l'espagnol coïncidaient donc avec le lever d'une aurore d'émancipation qui ne pouvait qu'émouvoir au plus profond un être privé de sa liberté. La langue de Machado, Lorca, résonnait en moi comme une promesse de délivrance, au point que de l'écouter me donnait des frissons et parfois, sans savoir pourquoi, m'arrachait des larmes.

Plus tard, en quittant la « citadelle d'exil », je n'avais pas grand-chose de matériel dans ma valise, je veux dire mes cartons. Mais de l'immatériel j'emportais des biens précieux : la majeure partie de ma culture arabe actuelle, lue et étudiée dans sa langue d'élection, et en sus les rudiments d'une langue désirée, me rapprochant d'un autre continent humain, l'hispanique, avec son prolongement latino-américain, qui va me solliciter durablement par la suite.

Pour dire la vérité, l'idée d'opter pour l'Espagne au moment où je m'apprêtais à quitter le Maroc n'était pas claire, du simple fait qu'elle n'était pas matériellement envisageable. Ce n'est qu'après mon installation en France et les voyages que j'ai effectués outre-Pyrénées, dans les années qui ont suivi, que la piste espagnole a commencé à se préciser. Mais il était trop tard. Le déclic n'avait pas fonctionné à temps. Et maintenant, après avoir brossé ces souvenirs pittoresques, je ne peux pas m'empêcher de tordre le bâton de l'histoire à l'envers et d'imaginer une autre vie que j'aurais éventuellement vécue à Grenade, Madrid et, pourquoi pas, Buenos Aires. Là où je serais devenu, sait-on jamais, un écrivain d'expression espagnole (je ne sais pas si ça se dit), confirmant ainsi de façon spectaculaire mon identité de mutant culturel.

D'accord, inutile de nier que je suis le roi de la chimère !

Pourquoi est-ce que je me tourne en dérision de la sorte ? Pour rire avant les autres de mes sauts de puce dans le dédale d'une existence sérieusement cahotée et de mes acrobaties pour feinter les caprices du sort ? La digression récurrente n'est pas un procédé littéraire grâce auquel j'ambitionnerais de renouveler l'art du récit. Ne voit-on pas qu'elle reflète fidèlement l'enchevêtrement d'une vie nomade assujettie au cycle inévitable de la transhumance ? Le désert n'est pas l'espace illimité que l'on croit. Il n'est qu'un gigantesque labyrinthe où l'on revient impérieusement sur ses pas, quelles que soient l'étendue et la durée du périple. N'est-ce pas là la réalité que j'ai toujours affrontée ? Ai-je jamais connu les chemins filant en ligne droite, pour ne pas parler de l'invraisemblable voie royale ? Il y a dans mon cheminement des éléments qui le rapprochent de l'éternel recommencement, et je suis de plus en plus tenté de croire que le hasard n'y est pour rien. Sans avoir la science ni l'expérience du nomade, je vais repasser par des lieux, retrouver des visages, réentendre des voix qui m'ont été familiers dans une vie antérieure. Je retraverserai des barrières semblables d'obscurité et sentirai des présences sans lien avec le monde visible m'accompagner de nouveau pendant un moment sur la route. Et puis, sans être un adepte de la réincarnation, il m'arrive de me sentir à une époque indéterminée dans la peau de l'insecte que je suis en train de scruter, de l'animal dont j'essaie de deviner les pensées, de la feuille que je surprends en train de se détacher de sa branche, du caillou aux formes humanoïdes que mon pied vient de heurter. Que de fois n'ai-je pas eu la sensation pendant mon sommeil d'être réduit à l'état de protozoaire baignant dans la soupe primitive, se préparant en un temps obscur de la genèse à se hisser plus haut sur l'échelle de la matière vivante, tendu vers l'acquisition des premières formes de la conscience. Que de fois dans mes nuits de veille n'ai-je pas tenté de dialoguer avec une étoile choisie dans la constellation la plus lumineuse pour savoir si je ne serais pas l'avatar d'un micron de sa poussière chue ici-bas bien avant ma naissance.

Comment rendre compte de ce maelström ininterrompu dans l'esprit et le corps ? Je fais ce que je peux dans cette course fatalement solitaire, sans circuit fléché ni ligne d'arrivée. Quant au trésor, m'est avis qu'il faudra le chercher dans une tombe.

Revenons sur terre. Le quotidien simple et sans relief. Ma cellule de moine à Créteil. Là où, depuis près d'un quart de siècle, j'ai rédigé la plupart de mes livres, en fait la majeure partie de mon œuvre. Pourtant, alentour, le lieu n'a rien de magique. Une grosse agglomération reliée par le métro à la capitale. Des quartiers-dortoirs obligeant, pour se rendre de l'un à l'autre, à prendre la voiture ou le bus. Un village ancien sans grand mystère et sa petite zone piétonne. Une vie culturelle modeste puisque les élus ont investi en priorité dans le sport et le logement social. Politique vertueuse mais un peu sommaire à mon goût. Je ne suis impliqué dans rien et personne ne me sollicite. Je me contente de remplir strictement mes devoirs civiques et veille à payer au centime près mes impôts. Seule attraction de la ville, le centre commercial régional où je fais mes courses. Il remplace pour moi le souk tant la population qui le fréquente est bigarrée, sauf qu'il lui manque ce qui me parle le plus dans la médina de Fès par exemple ou la Souika de Rabat : ce mélange de senteurs pénétrantes, de cacophonie musicale, d'appels intempestifs, d'attroupements autour de n'importe quel bonimenteur, quels protagonistes d'une altercation verbale, d'une rixe, de spectacles improvisés sans texte ni mise en scène, d'étals d'habits, de quincaillerie et de victuailles débordant sur la rue et parfois obstruant le passage, de frôlements insouciants des corps, de regards francs et de rencontres de hasard pardi ! Au lieu de cela, un temple aseptisé de la marchandise où il fait bon quand même se mêler à la foule fervente de ses fidèles.

Moins convenu est le marché du village où je m'approvisionne en produits frais chaque dimanche. Les serveurs des deux cafés rivaux ont mis vingt ans à me reconnaître quand je viens m'attabler, encore que personne n'ait eu la curiosité de s'enquérir de mon nom. C'est déjà une victoire qu'ils sachent maintenant à l'avance que c'est un café noir avec un verre d'eau que je vais invariablement prendre. Avec les marchands, par contre, des liens se sont noués à la longue, faits d'échanges autour de la pluie et du beau temps, de la santé, de la valse des prix, des recettes de cuisine et des vacances. Que demander de plus, des confidences ? Il faudrait davantage d'intimité, que je n'ai réussi à établir qu'avec mon coiffeur, bien disposé à cela du fait de son métier, avec l'épicier du coin, qui se trouve être sans surprise marocain, originaire du Souss, et auquel il était difficile de cacher mes activités puisqu'il m'a vu à la télévision marocaine diffusée par satellite, enfin avec le boulanger tunisien, féru de poésie arabe classique.

N'y a-t-il rien pour nuancer ce tableau peu engageant de la ville ? Si. Le quartier huppé des bords de Marne ne manque pas de charme. Quand le temps s'y prête, je m'y rends en balade. Le bras du fleuve coule paisiblement, berçant sa population de cygnes et de canards. Des platanes géants et des saules pleureurs lui font une haie d'honneur. Sur les ponts en bois qui l'enjambent, des badauds accoudés aux parapets confient leurs rêveries à l'onde paresseuse. Sur les berges, quelques pêcheurs taciturnes font semblant de taquiner le poisson. Le décor idéal pour un peintre du dimanche ! Il paraît que certains impressionnistes renommés ont rôdé par là. En fait, ce qui m'attire le plus, ce sont les petits potagers loués par les services de la mairie à des particuliers. Entretenus avec soin par des amoureux du jardinage, ils me font baver d'envie. Comme j'aurais aimé être l'un de ces chanceux et m'adonner à ce que je ressens comme le plus pacificateur des plaisirs. Autre objet de convoitise, les maisons de rêve qui se succèdent dans les allées de la zone pavillonnaire. Logées dans un écrin de verdure on dirait flottant sur l'eau, elles se prélassent au milieu de jardins fleuris pourvus de vérandas, barbecues, aires de jeux pour les enfants. Plusieurs ont un accès direct aux berges au pied desquelles il arrive qu'une barque soit amarrée, prête à l'usage. Je les longe à pas feutrés, les étudie, en compare les avantages comme si j'allais porter mon choix sur l'une d'elles et avais les moyens d'une acquisition aussi inabordable pour couler paisiblement mes vieux jours. Mais je sais que ce n'est qu'un jeu que je conclus à la manière du renard de la fable qui, ne pouvant atteindre les raisins qu'il convoite, s'en détourne en jugeant qu'ils sont trop verts. Allons, me dis-je, le quartier doit être sinistre le soir. Il faut prendre la voiture pour s'acheter ailleurs une baguette de pain ou une bouteille d'eau minérale. Et puis, n'avoir que des bourges pour voisins, est-ce enviable ?

Ma promenade se termine souvent au parc aménagé dans un emplacement nommé pompeusement l'île des Ravageurs. Un titre de roman percutant ! m'arrive-t-il de penser. Là, à l'abri des regards, je me laisse aller à des rêveries sans contrepartie matérielle. La gravité s'en mêle. Oui, où que j'aille, je me retrouve dans une île, et les ravageurs se rappellent toujours à mon attention.

Voilà donc mon petit univers de Cristolien anonyme.

L'appartement quant à lui n'a d'autre avantage que d'être fonctionnel et, vu la façon dont nous l'avons meublé et décoré, de rappeler où que l'œil se pose que le « cher pays » est toujours là, indifférent au lieu de sa transplantation, sûr de ses droits sur nous. Dans la pièce me servant de bureau, je travaille le matin, rarement à un autre moment de la journée. Il fut un temps où j'avais le curieux besoin de m'enfermer. La moindre intrusion, fût-ce celle de ma compagne, me mettait mal à l'aise. Je ne voulais pas qu'on me voie en train de parler tout seul, faire des grimaces, sécher éventuellement devant la page blanche ou la couvrir de gribouillis informes. Maintenant, je laisse la porte ouverte comme si je n'avais plus rien à cacher et que les bruits de la maison me rassuraient, le plus important pour moi étant la vue sur l'extérieur, même si le spectacle que m'offre la fenêtre est bien modeste. Cette ouverture s'avère, le mot n'est pas exagéré, vitale. Impossible d'écrire si je n'y plonge pas le regard au préalable. Oui, j'y trempe les yeux pour les préparer au périple intérieur que je vais entreprendre. Ce bain rituel a sur eux l'effet d'une hypnose. Les paupières s'alourdissent et se ferment pour s'ouvrir sur Tailleurs. C'est ainsi que l'écriture, ma seconde nature, revient au galop.

Ce n'est pas le cas aujourd'hui. Mes yeux refusent d'obéir. L'humeur est morose. Je me sens fourbu après tant de déplacements dans l'espace et le temps. Mes méninges ont trop fonctionné et les douleurs physiques ont repris. Si ce n'est pas le dos, c'est l'épaule. J'ai des rages subites ou des courts-circuits dans les muscles, des bouffées de chaleur et de froid, des désirs incontrôlés d'adolescent suivis d'une absence totale de désir. Au cours de la nuit, la respiration se bloque et le cœur s'affole. J'ai consulté récemment, me suis soumis à des contrôles, mais rien de méchant n'a été décelé. À croire que c'est l'automne qui me perturbe alors que j'ai découvert ici que c'est ma saison d'élection. Sauf que, à mon âge, ce que je considère comme un penchant prend une signification moins romantique. Je suis bel et bien entré dans l'ultime saison. La longue liste des chers disparus que j'ai passée en revue est suffisamment éloquente. Avant, je me contentais de regarder la caravane des partants avec affliction certes, mais sans me sentir directement concerné par ce type de voyage. Là, de ne pas m'imaginer en simple spectateur commence à prendre effet. Les numéros sortants de la loterie macabre deviennent de plus en plus familiers. De quoi saper le moral à un moment critique où je dois redoubler d'énergie pour aller jusqu'au bout de mes confessions car j'ai encore devant moi cette montagne de la vie que j'ai vécue en France et qu'il faudra bien aplanir d'une façon ou d'une autre, quitte à la dynamiter. Mais suis-je réellement préparé à cela ? Je ne sais. J'ai l'impression de ne pas avoir suffisamment pris de distance par rapport à elle pour pouvoir en rendre compte. Peut-être ai-je besoin, pour que cela devienne possible, de me trouver ailleurs qu'ici et que mon existence prenne un nouveau tournant, le plus imprévisible qui soit. Peut-être devrais-je m'économiser et économiser la matière de cette expérience pour un prochain livre.

Sincèrement, j'hésite.

Couloir de la mort

Mieux vaut contourner l'obstacle, provisoirement du moins. C'est la conclusion à laquelle je suis parvenu après une bonne semaine de tentatives infructueuses. Qu'est-ce qui a bloqué ? En réalité, depuis que j'ai commencé à écrire sur la disparition de Mahmoud Darwich, j'ai mis le doigt, davantage que le doigt, dans un engrenage dont je n'arrive pas à me dépêtrer. L'idée de la mort me turlupine au point de reléguer à l'arrière-plan toute autre préoccupation. Et je n'ai de solution, si je veux avancer, que de l'aborder de front. Tâche particulièrement délicate car elle touche à une zone du sanctuaire de l'être aussi difficile à dévoiler que le plus intime de la relation amoureuse.

La mort. Vraiment, je me ridiculiserais si je me mettais en tête de philosopher là-dessus. Que pourrais-je ajouter aux tonnes d'écrits qu'elle a suscités depuis les balbutiements de la pensée humaine ? Et même si je passais en revue la partie que j'ai brassée et forcément méditée, en quoi cela m'avancerait-il dans la clarification de ce qui m'agite, maintenant que la question se pose à moi directement ? Laissons donc la grande porte et voyons s'il n'y en a pas une petite, mieux adaptée à mon propos.

Celle qui s'offre à moi attire mon attention sur la page que je viens de rédiger. Je constate qu'avant de mettre au propre la paire de paragraphes qu'elle contient j'ai dû m'y reprendre au moins à dix reprises, et cela m'a pris nombre de matinées, eh oui ! Assurément, le lecteur n'a pas suivi ce travail invisible. N'en subsistent pour lui que les quelques phrases qu'il vient de parcourir, écrites on dirait avec assurance, d'une seule traite. Il ne sait rien du corps à corps qui s'est déroulé avec la page blanche, des doutes et des revirements l'ayant accompagné, des griffures et autres bleus à l'âme qui s'y sont échangés. Mais pourquoi diable introduire ces considérations banales sur l'écriture alors que j'ai à me prononcer sur le sujet de la mort ? La raison que je vois n'est pas très souriante, et il me faut l'accepter. Au fond, qu'est la mort pour moi sinon une page blanche, d'une autre nature, avec laquelle j'entretiens des liens tout aussi intimes depuis longtemps ?

La première fois qu'elle s'est présentée à moi remonte à la tendre enfance, lorsque j'ai failli passer de vie à trépas au cours d'une manifestation nationaliste dans la médina de Fès. De cet incident marquant, j'ai maintes fois parlé. Je n'en retiendrai ici que ce qu'il m'a révélé plus tard, quand ma personnalité s'est affirmée et que j'ai contracté la démangeaison de l'écriture. J'ai dû convenir, non pour en tirer gloriole ou m'apitoyer sur mon sort, que j'étais une espèce de miraculé. Par conséquent, tout ce qu'il m'a été donné de vivre depuis lors et que j'avais encore à vivre représentait une rallonge providentielle, un pur bénéfice. De là, j'arrivais à la conclusion déconcertante que la conscience de la mort avait précédé chez moi celle de la vie. Voilà la donnée dont il m'a été impossible de faire abstraction dans tout ce que j'ai entrepris par la suite. En moi, la dualité s'était installée. Chaque fois que la vie me tendait une page à remplir, ce que j'exécutais sans hésitation, la mort s'arrangeait pour en glisser une autre dessous, qu'elle m'incitait à prendre en considération. Tu veux donner un sens à ta vie ? Vas-y, semblait-elle dire, mais cela ne vaudra que par le sens que tu finiras par m'accorder. La page que je te soumets n'est pas plus « terrible » que celle qui te sollicite d'habitude. Elle demande simplement plus de courage et d'humilité. Alors, travaille bien. Rendez-vous pris, et qu'importent le lieu et l'heure ! Ne fais surtout pas de fixation là-dessus.

Ces conseils « généreux » m'ont-ils aidé dans les circonstances qui ont suivi ? Je crois que oui, car j'ai eu l'occasion de les mettre à l'épreuve, notamment lors d'un épisode particulièrement douloureux de mon existence que je n'ai jamais relaté auparavant.

C'était fin 1975, à la Maison centrale de Kénitra. Quatre ans s'étaient écoulés depuis que la « citadelle d'exil » était devenue ma nouvelle demeure. J'en étais arrivé au point de ne plus être surpris, en me réveillant le matin, de me retrouver dans une cellule close, d'étendre le bras dans ma couche sans rencontrer la main ou l'épaule de ma compagne. Une fois debout, j'endossais mon uniforme sans plus me soucier d'une élégance sur laquelle j'étais assez porté du temps où je me soumettais au jugement du miroir. J'avais perdu l'automatisme de jeter un coup d'œil sur mon poignet gauche pour consulter l'heure et parfaitement intégré la notion d'un temps étale, vaguement cyclique, sonnant creux à l'intérieur. Les jours, les mois n'en étaient plus les unités de mesure, ni même les saisons et leur absurde rotation. La division que j'en faisais correspondait au nombre des années que j'avais purgées et des restantes. Je m'imaginais dans la peau d'un alpiniste improvisé en train de gravir une montagne. J'avais donc sérieusement entamé la pente et n'étais pas loin d'entrevoir le sommet. Un petit effort et j'allais pouvoir y planter le drapeau du retour en sachant que je n'aurais parcouru que la moitié du chemin. Mais alors le périple de la descente me serait apparu moins harassant car j'aurais été en mesure d'apercevoir, s'étendant à mes pieds, la terre promise.

Ces rêveries somme toute paisibles ont été brutalement interrompues tant la main de l'arbitraire était longue à cette époque-là. Il ne lui suffisait pas d'avoir fait juger, condamner et mis hors d'état de nuire ses victimes. L'instinct meurtrier continuait à la démanger et elle avait de nouveau besoin de s'activer. Et voici ce qu'elle a trouvé.

Un soir, après la fermeture des portes et sans que rien ne laisse présager pareille intrusion, on est venu nous chercher. Nous étions une dizaine de camarades à être extraits de nos cellules et dirigés sous bonne escorte vers la cour extérieure de la prison. Des fourgons cellulaires nous y attendaient, ainsi que des individus en civil, à la mine revêche. On nous a menottés, mis un bandeau sur les yeux et poussés dans les véhicules. Peu après, nous nous sommes retrouvés dans les locaux du commissariat de la ville, avec en face de nous, donnant des ordres ou mettant la main à la pâte, les mêmes tortionnaires qui s'étaient occupés de nous quelques années auparavant. Contrairement à la première expérience, qui avait duré, selon les cas, des semaines, voire des mois, l'interrogatoire auquel on nous a soumis a été étonnamment expéditif. Quelques jours d'allées et venues entre la prison et le commissariat ont suffi pour qu'on nous présente devant un juge d'instruction à Rabat, qui a fait pleuvoir sur nos têtes d'incroyables inculpations. Nous étions accusés de tentative d'évasion dans le but, une fois dehors, de fomenter des troubles et de provoquer la guerre civile ! Plusieurs articles du Code pénal qu'il nous a lus pour notre information punissaient de la peine de mort de tels délits.

Est-il nécessaire de dire que ces accusations étaient totalement fantaisistes ? Nous savions pertinemment qu'aucun projet d'évasion, individuel ou collectif, n'avait été conçu dans notre groupe. Ce qui n'empêchait pas n'importe lequel d'entre nous de fantasmer là-dessus. Quel prisonnier au monde n'a pas rêvé de se faire la belle ? Mais de là à passer à l'acte, il n'en était pas question tant que la décision n'était pas avalisée par l'ensemble du groupe. Sur ce chapitre, nous nous étions imposé des règles strictes. La sécurité collective en dépendait. Nous savions bien, au vu d'expériences précédentes, que le pouvoir ne faisait pas de cadeaux dans ces cas-là. La traque des fugitifs était pour lui l'occasion de se débarrasser définitivement de prisonniers encombrants.

Cela étant, le fait que les accusations à notre encontre aient été si délirantes ne nous rassurait pas le moins du monde. Nous avons vite compris qu'elles servaient de prétexte à un dessein des plus funestes. La main de l'arbitraire voulait à l'évidence en finir avec nous cette fois-ci. Et pourquoi donc ? Il ne nous avait pas échappé qu'en cette fin d'année 1975 le pays était sens dessus dessous. La Marche verte venait de remporter le succès espéré par Hassan II. À la suite du coup de poker le plus génial de sa carrière, il avait créé le fait accompli au Sahara occidental en usant d'une arme imparable, la flamme de la mystique nationaliste. Celle-ci avait opéré sans encombre sur l'ensemble du peuple. Quant à la classe politique, elle était gagnée d'avance. Le consensus triomphait. L'activité de la raison était suspendue. Nulle faille n'était tolérable. La nuance et, plus grave, la réserve confinaient à l'hérésie. Résultat, le régime, fortement ébranlé dans les années précédentes par deux tentatives sanglantes de coup d'État, pouvait maintenant reposer sur des bases solides, incontestées. La démocratie, ce luxe dérisoire, n'avait qu'à attendre. Programme rempli dans les deux décennies qui ont suivi.

L'événement avait été bien sûr âprement débattu en prison et avait divisé nos rangs en deux blocs farouchement opposés : l'un convaincu par la thèse de la marocanité du Sahara et considérant comme légitime l'initiative du pouvoir, l'autre dénonçant les arrière-pensées de celui-ci et soutenant le droit des Sahraouis à l'autodétermination. Comment nos débats et nos prises de position sont-ils parvenus aux oreilles de nos geôliers ? Mystère. Toujours est-il que la farce du nouveau procès qui nous était intenté trouvait son explication. Même exprimées entre quatre murs, des idées non conformes à l'unanimisme régnant pouvaient être assimilées à une trahison et justifier aux yeux de l'opinion publique un châtiment exemplaire. Signe qui ne trompait pas, une fois les interrogatoires et l'instruction bouclés en un tournemain, nous avons été placés dans des cellules d'isolement... dans le quartier des condamnés à mort.

Ce sont cinq, six mois que j'y ai passé, assurément plus longs que les quatre années que je venais de mettre derrière moi.

Qu'ai-je vécu ? La mémoire ne m'aide pas aujourd'hui, à croire qu'elle a décidé de faire l'impasse là-dessus. Mais peut-être le blocage a-t-il été volontaire de ma part, sinon pourquoi me suis-je abstenu pendant longtemps de parler de cet épisode et ne me suis-je confié à ce sujet qu'aux proches d'entre les proches ? Rien ou presque rien par écrit. Je justifiais mon silence par une règle que je me suis imposée : ne pas tremper dans le commerce de la souffrance, ne pas me prévaloir de celle-ci. Je préférais user d'une métaphore pour nommer la part de ce que j'ai enduré : l'impôt de la dignité. Une pudeur frôlant l'autocensure alors qu'il y a des vécus qui ne nous appartiennent plus en propre quand ils peuvent éclairer les autres sur la barbarie d'un système auquel ils seraient tentés de se soumettre, par manque de connaissance, par lassitude, peur, ou toute autre raison.

Le couloir de la mort n'a rien à voir avec la prison. C'est un espace où l'attente est privée de la perspective qu'elle a en temps normal. La vie est suspendue à un fil prêt à se rompre à n'importe quel moment. Les signes de la rupture peuvent être les plus anodins : le bruit d'un pas saccadé dans le couloir ou, plus alarmant, de plusieurs pas synchronisés. La direction de ce bruit. S'arrêtera-t-il à hauteur de votre cellule ou avant ? La dépassera-t-il ? Et, si la clé claque dans la serrure de votre porte, sera-ce pour qu'on vous tende la gamelle de votre pitance, pour une fouille surprise, ou pour autre chose ? Pire encore est le silence total. Qu'annonce-t-il ? Vous finissez par vous sentir dans la peau d'un animal blessé, traqué jusque dans sa tanière, n'attendant plus que le coup de grâce. Malgré l'obscurité régnante, l'horloge biologique fonctionne mieux que dans une cellule ordinaire en multipliant les repères dans l'écoulement du temps. C'est une eau tantôt brûlante tantôt glacée qui coule dans vos veines et vous indique l'heure de vous lever pour vous rafraîchir le visage, arpenter votre réduit, vaquer à des tâches minuscules, reprendre la lecture d'un livre et vous abstraire totalement du lieu, griffonner quelques lignes sur votre cahier de notes, retourner à votre couche et vous étendre pour lire, cette fois-ci dans le plafond, un texte accompagné d'images en blanc et noir, obsessionnelles. Et quand le sommeil daigne alourdir vos paupières, vous ne dormez que d'un œil, l'autre continuant à guetter le moment critique, celui où l'aube aura commencé à poindre. Ici, la mémoire collective a de l'aube une idée très précise. Allez savoir pourquoi, les exécutants de la sinistre besogne ont une prédilection pour ces instants entre chien et loup. Croient-ils, ces lève-tôt, que le monde leur appartient ou ne sont-ils que des trouillards cherchant à se soustraire à des témoins qui un jour ou l'autre finiront par les confondre ?

De ces témoins, j'en fus un, à ma manière. Comment aurais-je pu oublier qu'un an auparavant, alors que j'étais avec mes camarades à l'abri dans notre quartier de détention, d'autres militants étaient ici ? L'un d'eux occupait probablement la cellule où je me trouvais maintenant. Ils étaient sept, condamnés à mort suite aux opérations armées qui avaient été menées en mars 1973 dans certaines régions de l'Atlas. Un peu avant l'aube du 27 août 1974, on est venu les chercher. Leur exécution a eu lieu dans la forêt se trouvant à proximité de la prison. J'ai narré leur martyre dans *Histoire des sept crucifiés de l'espoir*, texte rédigé à l'endroit même où ils ont vécu leur terrible attente. Je pouvais me mettre aisément à leur place, imaginer ce qui s'était bousculé dans leur conscience meurtrie. Et peut-être bien que, en sauvegardant par le biais de l'écrit leur mémoire, j'essayais de transmettre aussi une partie de la mienne.

J'avais donc rempli, dans les pires conditions qui soient, la page que la mort m'avait tendue. Lors, j'avais trente-trois ans à peine, et le sentiment d'en avoir vécu le double. Ayant ainsi atteint l'âge de la sagesse, j'étais en mesure de tutoyer la Dame inébranlable. Que ma voix ait tremblé au cours de mes confessions, quoi de plus normal ? Mais j'étais confiant, et surtout soulagé de constater que j'avais traversé l'épreuve jusqu'au bout sans renoncer à ce que j'appelais les rêves justes. Rien que pour cela, j'estimais que ce qu'il m'avait été donné de vivre en valait la peine. La mort ne pouvait me l'ôter, au contraire elle allait lui conférer un surcroît de sens.

Comme pour m'économiser tout discours superflu, la poésie est venue à mon secours. Et voilà ce qu'elle m'a fait murmurer dans ma cellule :

« Mort mienne / je te veux douce comme ces rêves heureux / où malgré tous les obstacles / je parviens au bout du dédale / à saisir et caresser la main de ma bien-aimée / à recomposer la couleur de ses yeux / à sentir le pétale d'une larme / se former sur le flambeau de sa pupille / Douce je te veux / une seule image / résumant toutes les splendeurs de l'assaut humain / toutes les promesses que tiendra la vie / Je te veux / en un frémissement d'aurore / forêt de mains couvrant la planète / et des rires chauds et des tambours en furie / et des flûtes abolissant les vieilles vieilles solitudes

Tu pourras alors me taper sur l'épaule / mort mienne / et je te suivrai sans réticence / Je ne laisserai derrière moi / ni trésor caché / ni biens immobiliers / mais quelques paroles / pour l'avènement de l'homme / et cette tendresse miraculeuse / qui me permet / mort mienne / de défier ton regard mécanique / et de m'endormir paisiblement / en sachant que mes rêves / ne tomberont pas en poussière / comme mon écorce matérielle / mais fleuriront sur les sentiers / que les hommes empruntent / pour échanger des soleils / en se donnant l'accolade / et pour lutter. »

Trois décennies plus tard, je suis toujours là. Il faut en déduire que j'avais ému la Dame inébranlable. Plus prosaïquement, la main de l'arbitraire a dû renoncer par calcul politique à commettre l'irréparable. Les ficelles de l'affaire pour laquelle nous allions être jugés étaient trop grosses. Après des années de flou entretenu autour de la tenue du procès, les charges retenues contre nous ont été abandonnées, sans publicité aucune. Entre-temps, j'avais quitté le quartier des condamnés à mort et retrouvé mes habitudes de prisonnier ordinaire. Puis un jour, contre toute attente, la porte de la prison s'est ouverte devant moi.

Depuis lors, malgré les vicissitudes que j'ai traversées, la vie a été généreuse avec moi, et je lui ai été plus que reconnaissant. Je l'ai épousée en des noces ininterrompues et célébrée jusqu'à plus soif. Je l'ai aimée à la fois comme un hédoniste et un soufi. Je l'ai défendue contre les prédateurs déclarés et masqués. En fait, si j'ai acquis une croyance, elle en a été l'unique objet. Son énigme continue à me fasciner. Elle est intacte alors que le mystère de la mort a perdu pour moi de son opacité. Au rendez-vous que la Dame m'a donné il y a longtemps, je me prépare sans angoisse paralysante, comme à l'un de ces nombreux déménagements que j'ai effectués. Treize, j'ai compté. Là, je commence à trier méthodiquement les papiers, les affaires, à me débarrasser du superflu. Je remplis les premiers cartons, soulagé à l'idée qu'au moins cette fois-ci j'échapperai à la corvée de tout déballer et re-ranger. Depuis qu'elle m'a épargné une fin violente, j'entretiens avec la Dame ce qui ressemble à des liens de courtoisie. M'est avis que nous nous comprenons suffisamment pour nous passer de mots. Je sais ce qu'elle attend de moi et elle sait ce que j'attends d'elle. Point à la ligne.

Un seul tourment subsiste, et elle n'y est pour rien. C'est celui de *l'après*. Si je décidais (ce qui signifie que j'hésite encore) de reposer en terre du « cher pays », mes dernières volontés pourraient-elles être respectées ? Aurais-je droit comme je le souhaite vraiment à une cérémonie laïque, sans l'intrusion des rites religieux ? Juste quelques poèmes en guise de prière, peut-être l'un de ces chants d'amour et de résistance que l'on m'a souvent entendu fredonner. Et que dire d'un vœu encore plus cher, reposer, quand viendra l'heure, auprès de la compagne de ma vie, chrétienne de naissance, émancipée de toute croyance, marocaine de cœur ? Au nom de quoi voudrait-on nous séparer ? Des demandes aussi simples, honorées scrupuleusement dans bien des pays du monde, seraient-elles un jour prises en considération en terre d'islam ? Je n'ai pas de réponse. Mais ai-je jamais insulté l'avenir ?

Plus forte est la vie

Plus forte est la vie. Un heureux événement vient à point nommé balayer ces réflexions macabres. Ma plus jeune fille a eu un bébé dans la nuit du 7 janvier. Le lendemain, je suis accouru à Paris lui rendre visite à la maternité au nom rassurant de Notre-Dame du Bon Secours. Là, deux merveilles m'attendaient, le petit ange féminin dormant paisiblement dans son berceau et le visage complètement transformé de la nouvelle accouchée, ma benjamine devenue mère. Jusqu'à récemment, j'avais du mal à voir en cette adulte épanouie autre chose qu'un mélange de la belle enfant désarmante et de l'adolescente frondeuse qu'elle a été. Le changement est intervenu avec sa grossesse. Ses traits se sont un peu durcis et le sourire facétieux qu'elle arborait en permanence s'est raréfié. Une gravité inhabituelle, assez perturbante, que je mettais sur le compte du mystère féminin. Le sourire qui éclairait cette fois-ci son visage était celui d'une Joconde en chair et en os. Son énigme ne relevait pas comme dans l'œuvre du peintre d'un art consommé, mais du « travail » que la parturiente venait d'accomplir, couronnement d'un désir puis d'une gestation liés au plus bel instinct qui soit, la perpétuation de l'espèce.

Admiration et gratitude, tel est le sens que je vois au baiser que j'ai déposé sur le front de ma fille avant de me pencher sur l'autre merveille. Un poussin à peine éclos, avec une tête rondelette, rehaussée d'une touffe soyeuse, des traits fins et déjà marqués, des mains aux doigts diaphanes à l'agilité surprenante, des mirettes en amande ayant peine à s'entrouvrir, et par-dessus tout un air de confiance totale d'être là. Inutile de chercher ailleurs l'essence de la beauté, me suis-je dit, elle est sous tes yeux, consubstantielle à l'avènement prodigieux, ininterrompu de la vie.

Bienvenue parmi nous, petite, ai-je repris. Te voilà partie pour parcourir probablement de bout en bout ce nouveau siècle. De quels bouleversements, quelles avancées seras-tu le témoin, et pourquoi pas l'actrice ? De quelles connaissances, quelles découvertes dont je n'ai pas idée profiteras-tu ? Quelles contrées du vaste monde vas-tu arpenter et où te fixeras-tu si tant est que tu aies l'envie de te fixer ? Quelles langues apprendras-tu par nécessité ou par désir ? Quelles passions orageuses t'attendent, quelles amours pacifiées et sans nuage ? Dans quels livres découvriras-tu la voix qui te parlera de l'intérieur ? Liras-tu un jour l'un des miens, non par devoir, simple curiosité, mais pour y chercher des réponses à tes propres questions ? Devant quels tableaux t'arrêteras-tu, stupéfaite de constater qu'ils ont été peints pour toi seule ? Quelles mélodies, quels chants enlaceront ton âme et la feront danser ? Comment aborderas-tu, toi, les mystères auxquels j'ai consacré, moi, la majeure partie de mes efforts de compréhension ? De quelles nourritures terrestres te délecteras-tu de préférence ? Quel sera ton arbre fétiche ?

Après cette batterie d'interrogations, je l'ai invitée à monter à bord de ma boule de cristal improvisée. Je l'ai suivie pas à pas, saison après saison de la vie. À la fin du périple, j'ai fini par distinguer la silhouette d'une femme à la maturité avancée, penchée sur le berceau d'un bébé, garçon ou fille je ne sais, perdue dans des réflexions que je devinais être en beaucoup de points semblables à celles que je viens d'émettre. Je l'ai couvée d'un regard de tendresse mêlée de respect avant qu'une drôle de question traverse mes lèvres :

– Dis-moi, dame vénérable, quelle part de toi vas-tu léguer à ta descendance ?

– Comme tu vas vite en besogne, a-t-elle rétorqué sans se retourner. N'est-ce pas à toi d'abord de répondre à la question ?

– Touché ! ai-je convenu.

L'image de la dame s'est brouillée quand ma petite-fille a remué dans son berceau et que ses yeux se sont entrouverts.

– Je t'écoute, semblait-elle me signifier.

– D'accord, je vais essayer. Mais ne t'attends pas à ce que je te raconte une de ces histoires destinées à bercer le sommeil des enfants. Je préfère sauter les étapes et m'adresser à toi comme à une grande.

Tu sais, je n'ai pas eu la chance de connaître mes grands-parents. Je n'ai qu'un vague souvenir de ma grand-mère maternelle, Lalla Thour, décédée quand j'avais trois ou quatre ans. De son époux, ou des parents de mon père, rien. Juste des noms. Dans le milieu où je suis né, on ne se préoccupait pas beaucoup de l'histoire familiale et en général de ce qui se rapportait au passé. On se parlait d'ailleurs si peu. Le présent bouffait entièrement la vie de mes parents, qui devaient nous assurer le pain quotidien et, une fois par an, les habits décents et la paire de chaussures solides. Nous avons compris, nous autres enfants (huit, nous étions), combien l'avenir comptait. Nous y avons investi l'intégralité de nos énergies. Apprendre et apprendre, pour nous en sortir et aider dès que possible ceux qui s'étaient tant dépensés pour nous.

Qu'est-ce qui s'est donc transmis de mes grands-parents à mes parents, et de ceux-ci à moi ? Rien ne s'est jamais dit sur le sujet. Tout était dans les actes. Et il m'a fallu du temps pour en saisir le sens et la portée. En réalité, mes parents n'ont fait que me léguer ce qu'ils ont eux-mêmes reçu de leurs prédécesseurs. Quoi ? Nulle chose matérielle, mais des biens que je juge maintenant inestimables et que j'appelle des valeurs : l'humilité, le souci des autres, le don où l'on n'attend pas de celui à qui l'on donne la monnaie de sa pièce, le contentement du peu, et une dernière que j'ai failli oublier alors qu'elle est peut-être la plus importante, la plus difficile à acquérir : la capacité du pardon.

Ne va pas penser avec cela que j'ai connu la famille et la société idéales. Oh que non ! Imbriqués dans pareilles vertus, il y avait tellement de défauts et de tares que je trouvais insupportables : le carcan des traditions, les superstitions à la pelle, l'étouffement des désirs, le manque d'imagination, la soumission aux puissants, le rejet de ce qui sortait de la norme établie depuis des siècles.

Je me suis d'abord révolté contre le négatif avant de découvrir le positif et parvenir à tirer le bon grain de l'ivraie.

Depuis lors, la meule du temps a tourné, tourné, mettant derrière elle des dizaines d'années. La famille s'est en grande partie dispersée après que mes parents nous ont quittés. Le monde que j'avais connu avec eux a été englouti par une armée de bulldozers au service de ce que l'on nomme « la marche de l'Histoire ». Phénomène comparable à la disparition au fond de l'océan, suite à un cataclysme naturel, de l'Atlantide imaginée par le philosophe grec. Comment puis-je oublier que j'ai appartenu à ce monde disparu et que j'ai été témoin de son naufrage ? Que faire pour régler la dette que j'ai envers lui ?

C'est avec cette conscience-là que le roman de ma vie s'est écrit. J'en ai été tantôt l'auteur en pleine possession de ses moyens, tantôt le lecteur désemparé ou l'un des personnages qui, à un moment du récit, échappe au romancier et commence à s'inventer lui-même, décider de son destin.

J'avoue, petite, qu'en matière de transmission je n'ai rien d'autre à te léguer que ce livre se présentant comme un labyrinthe où l'on passe de la poésie à la prose, du théâtre au conte, de la colère à la méditation, de la folie à la sagesse. De nombreux voyages, réels et imaginaires, y sont proposés. Je prétends qu'on peut y lire aussi une belle histoire d'amour et que partout, même si le sujet est grave, le sourire n'est pas loin, quand ce n'est pas le rire franc, utilisé en abondance pour se nettoyer des saletés de la bêtise.

Comment faire pour ne pas s'y perdre ? me diras-tu. Là, je vais te livrer un secret. Le fil conducteur existe, et il n'est pas matériel. Il est de la nature de ces valeurs que j'ai reçues de mes parents. Sauf que celle-ci ne leur doit rien. C'est moi qui l'ai découverte, appréciée et mise au centre de tout ce que j'ai entrepris dans ma vie d'adulte. Elle est si précieuse que j'ai peur en la nommant qu'elle ne perde de sa force et de son éclat.

Heureusement que le hasard m'aide parfois. Je suis tombé récemment, dans le livre d'une poétesse, sur une citation qui m'a sidéré. Son contenu m'a semblé correspondre on ne peut plus parfaitement, mot pour mot, je n'exagère pas, à l'idée que je me fais de cette valeur suprême qu'est pour moi la liberté. Tu l'as maintenant, ton fil conducteur. Écoute ce qu'en dit Michel Bakounine, l'auteur du texte, un homme qui n'aura vécu, au siècle précédant le mien, que pour dire non à ce qui maintient les êtres humains en esclavage :

« Ce que tous les autres hommes sont m'importe beaucoup, parce que, tout indépendant que je m'imagine,... je suis incessamment le produit de ce que sont les derniers d'entre eux ; s'ils sont ignorants, misérables, esclaves, mon existence est déterminée par leur ignorance, leur misère et leur esclavage. Moi, homme éclairé ou intelligent par exemple – si c'est le cas –, je suis bête de leur sottise ; moi brave, je suis l'esclave de leur esclavage ; moi riche, je tremble devant leur misère ; moi privilégié, je pâlis devant leur justice. Moi voulant être libre enfin, je ne le puis pas, parce qu'autour de moi tous les hommes ne veulent pas être libres encore, et ne le voulant pas, ils deviennent contre moi des instruments d'oppression.

Je ne suis vraiment libre que lorsque tous les êtres humains qui m'entourent, hommes et femmes, sont également libres... Ma liberté personnelle ainsi confirmée par la liberté de tout le monde s'étend à l'infini. »

Bon sang, qu'est-ce qui m'a pris de prononcer un discours d'une telle grandiloquence ? Je me suis senti un peu ridicule en quittant la clinique. Dehors, la nuit était tombée et les vitrines des magasins, rue d'Alésia, étaient entièrement recouvertes par les affiches des soldes. Jusqu'à – 70 %, grâce à la crise. Ne sachant plus où j'avais garé ma voiture, j'ai tourné dans les rues adjacentes, paniqué à l'idée qu'elle avait pu être enlevée à cause d'un défaut de stationnement. Coutumier de l'esprit d'escalier, je repassais dans ma tête les minutes de mon « entretien » avec ma petite-fille. Pourquoi avais-je été si bavard et m'étais-je empêtré dans des considérations aussi compliquées ? Pourtant, pour me présenter à elle, j'avais préparé quelque chose de simple, une sorte d'énigme que j'avais tout bonnement oubliée au moment opportun. Et c'est seulement maintenant qu'elle me revenait. Que ne lui ai-je confié, sans plus, la phrase, la perle que j'ai trouvée dans *Les Roses d'Atacama*, du Chilien Luis Sepúlveda : « Les grands-pères ne sont que des enfants déguisés ! »

Créteil-Harhoura
Octobre 2007-janvier 2009

Table

Journal.	9
La valise rouge.	59
Le syndrome andalou.	75
Bonjour, Jérusalem.	97
Pied de nez au Mur.	119
Mahmoud et les autres.	147
Mon amie la fourmi.	161
L'île des Ravageurs.	183
Couloir de la mort.	203
Plus forte est la vie.	215

DU MÊME AUTEUR

Le Règne de barbarie
Seuil, 1980

Sous le bâillon, le poème
Écrits de prison : 1972-1980
L'Harmattan, 1981

Chroniques de la citadelle d'exil
Lettres de prison : 1972-1980
Denoël, 1983, 2005, 2012

Saïda et les voleurs de soleil
Scandéditions/La Farandole, 1986, 2007

Narration du déluge
Arcantère, 1986

L'Écorché vif
Prosoèmes
L'Harmattan, 1987

Le Baptême chacaliste
L'Harmattan, 1987

Le Chemin des ordalies
Denoël, 1987, 2003

Les Rides du lion
Messidor, 1989, 2001, 2007, 2010

Tous les déchirements
Messidor, 1990

Anthologie de la poésie palestinienne
Messidor, 1990

Exercices de tolérance
La Différence, 1993

L'Étreinte du monde
La Différence, 1993, 2001, 2013

Le Juge de l'ombre
La Différence, 1994

Le Soleil se meurt
La Différence, 1994, 2012

L'Orange bleue
Seuil, 1995, 2007

Un continent humain
Entretiens avec Lionel Bourg et Monique Fischer
Paroles d'aube, 1997

Le Spleen de Casablanca
La Différence, 1997

Fragments d'une genèse oubliée
Paroles d'aube, 1998, 2010

Poèmes périssables
La Différence, 2000

Rimbaud et Shéhérazade
La Différence, 2000, 2010

L'Écriture au tournant
Al Manar, 2000

Désert
Les convergences
Marsam, 2000, 2010

Les rêves sont têtus
Écrits politiques
Paris-Méditerranée, 2001

Le Fond de la jarre
Gallimard, 2002, 2010

Petit musée portatif
Al Manar, 2002

L'Œil et la nuit
Itinéraire
La Différence, 2003

L'automne promet
La Différence, 2003

Les Fruits du corps
La Différence, 2003, 2010

Ruses de vivant
Al Manar, 2004

La Poésie marocaine
De l'Indépendance à nos jours
La Différence, 2005

Écris la vie
Poèmes
La Différence, 2005

Œuvre poétique
Volume 1
La Différence, 2006, 2010

Pourquoi cours-tu après la goutte d'eau ?
Prosoèmes
Al Manar, 2006

Devine
Marsam, 2007

Mon cher double
Poèmes
La Différence, 2007

La Poésie palestinienne contemporaine
Le Temps des cerises, 2008

Tribulations d'un rêveur attitré
Poèmes
La Différence, 2008

Œuvre poétique
Volume 2
La Différence, 2010

La Liqueur d'aloès
Récit
Marsam, 2010, 2015

Tous les déchirements
Marsam, 2010

Maroc
Quel projet démocratique ?
La Croisée des chemins, 2011

Zone de turbulences
Poèmes
La Différence, 2012, 2015

Un autre Maroc
La Différence, 2013

La saison manquante
suivi de Amour jacaranda
La Différence, 2014

J'atteste
Contre la barbarie
Rue du Monde, 2015

L'Arbre à poèmes
Anthologie personnelle, 1992-2012
Gallimard, 2016

Le Principe d'incertitude
Poèmes
La Différence, 2016

Petites Lumières
La Différence, 2017

RÉALISATION : IGS-CP À L'ISLE-D'ESPAGNAC
IMPRESSION : CPI FRANCE
DÉPÔT LÉGAL : MARS 2017. N° 136098 (3021004)
IMPRIMÉ EN FRANCE

Éditions Points

Le catalogue complet de nos collections est sur Le Cercle Points, ainsi que des interviews de vos auteurs préférés, des jeux-concours, des conseils de lecture, des extraits en avant-première…

www.lecerclepoints.com

DERNIERS TITRES PARUS

P4307. Les Gens de mon pays, *Philippe Meyer*
P4308. Montagnes de la folie, *H. P. Lovecraft*
P4309. Dagon. Et autres récits d'horreur, *H. P. Lovecraft*
P4310. L'Ouzbek muet. Et autres histoires clandestines
       Luis Sepúlveda
P4311. Incandescences, *Ron Rash*
P4312. Les petits vieux d'Helsinki mènent l'enquête
       Minna Lindgren
P4313. Le Cannibale de Crumlin Road, *Sam Millar*
P4314. La Cour des secrets, *Tana French*
P4315. Academy Street, *Mary Costello*
P4316. On est foutus, on pense trop! Comment se libérer
       de Pensouillard le hamster, *Serge Marquis*
P4317. Ciel d'acier, *Michel Moutot*
P4318. Lucky Jim, *Kingsley Amis*
P4319. L'Homme aux yeux gris, *Petru Dumitriu*
P4320. Mémoires d'un bon à rien, *Gary Shteyngart*
P4321. Première personne du singulier, *Patrice Franceschi*
P4322. L'Esclavage raconté à ma fille, *Christiane Taubira*
P4323. Martin Luther King. Une biographie, *Sylvie Laurent*
P4324. Franz Fanon. Portrait, *Alice Cherki*
P4325. Maudits, *Joyce Carol Oates*
P4326. Molosses, *Craig Johnson*
P4327. Amours, *Léonor de Récondo*
P4328. Jactez-vous l'argot? 45 grilles de mots croisés
       pour parler comme Queneau ou San-Antonio
       Sylvain Vanderesse
P4329. Les Sept Sœurs: Maia, *Lucinda Riley*
P4330. La Route de Beit Zera, *Hubert Mingarelli*
P4331. Suivez mon regard, *Anjelica Huston*
P4332. La Mort au festival de Cannes, *Brigitte Aubert*

P4333. Une vraie famille, *Valentin Musso*
P4334. Tango Parano, *Hervé Le Corre*
P4335. Le Voile de Téhéran, *Parinoush Saniee*
P4336. Les Rumeurs du Nil, *Sally Beauman*
P4337. Mélanie, Française et musulmane, *Mélanie Georgiades*
P4338. La Part d'enfance, *Mazarine Pingeot et Jean-Michel Djian*
P4339. L'Héritage d'Anna, *Jostein Gaarder*
P4340. Oups, on a oublié de sortir le train d'atterrissage ! *François Nénin*
P4341. Un maniaque dans la ville, *Jonathan Kellerman*
P4342. Du sang sur l'arc-en-ciel, *Mike Nicol*
P4343. Tout est normal, *Stéphane Guillon*
P4344. La vie c'est bien, le cynisme c'est mieux *L'Odieux Connard*
P4345. Anna Madrigal. Chroniques de San Francisco *Armistead Maupin*
P4346. Les Fantômes voyageurs, *Tom Drury*
P4347. Regarder l'océan, *Dominique Ané*
P4348. Allmen et la disparition de Maria, *Martin Suter*
P4349. Parapluie, *Will Self*
P4350. Saving Joseph, *Laurent Clerc*
P4351. Au bout de la route, l'enfer, *C.J. Box*
P4352. Le garçon qui ne parlait pas, *Donna Leon*
P4353. Les Couleurs de la ville, *Liam McIlvanney*
P4354. L'Amour (fou) pour un criminel, *Isabelle Horlans*
P4355. Le Cœur du pélican, *Cécile Coulon*
P4356. L'Idée ridicule de ne plus jamais te revoir *Rosa Montero*
P4357. Les Partisans, *Aharon Appelfeld*
P4358. Chants orphiques et autres poèmes, *Dino Campana*
P4359. Brèves de copies de bac 2
P4360. Amour, invincible amour, *Jacqueline Kelen*
P4361. Laisse Dieu être Dieu en toi. Petit traité de la liberté intérieure, *Jean-Marie Gueullette*
P4362. Pour la gloire, *James Salter*
P4363. Ombres et Soleil, *Dominique Sylvain*
P4364. Sous le choc, *Marc Raabe*
P4366. La Table d'émeraude, *Carla Montero*
P4367. La Rose d'Alexandrie, *Manuel Vázquez Montalbán*
P4368. L'Ombre d'une photographe, Gerda Taro *François Maspero*
P4369. Poussières d'exil, *Patrick Bard*
P4370. Krach Machine, *Frédéric Lelièvre et François Pilet*

P4371. La Troisième Équipe. Souvenirs de l'affaire Greenpeace
Edwy Plenel
P4372. Photos volées, *Dominique Fabre*
P4373. Le Toutamoi, *Andrea Camilleri*
P4374. Hudson River, *Joyce Carol Oates*
P4375. White Trash, *John King*
P4376. Les Hortenses, *Felisberto Hernández*
P4377. Persévérer. On ne repousse pas ses limites,
on les découvre, *Jean-Louis Étienne*
P4378. Aventures au Mato Grosso, *Raymond Maufrais*
P4379. Dernier voyage à Niceville, *Carsten Stroud*
P4380. Ce cœur changeant, *Agnès Desarthe*
P4381. Villa des femmes, *Charif Majdalani*
P4382. L'Île du Point Némo, *Jean-Marie Blas de Roblès*
P4383. Un cheval entre dans un bar, *David Grossman*
P4384. Bravo, *Régis Jauffret*
P4385. Le Pays des ténèbres, *Stewart O'Nan*
P4386. Il faut tenter de vivre, *Éric Faye*
P4387. L'Hiver à Lisbonne, *Antonio Muñoz Molina*
P4388. Les Dictées loufoques du professeur Rollin
François Rollin
P4389. Bâchez la queue du wagon-taxi avec les pyjamas
du fakir. Aphorismes et autres fantaisies littéraires
Thierry Maugenest
P4390. Même les politiques ont un père, *Émilie Lanez*
P4391. Affaires sensibles. 40 ans d'histoires qui ont secoué
la France, *Fabrice Drouelle*
P4392. Le Crime de Julian Wells, *Thomas H. Cook*
P4393. Battues, *Antonin Varenne*
P4394. Le Français, *Julien Suaudeau*
P4395. Rendez-vous à Crawfish Creek, *Nickolas Butler*
P4396. Mille regrets, *Vincent Borel*
P4397. Reviens à la vie ! Cinq repères essentiels pour avancer
Simone Pacot
P4398. Aime à tout casser !, *Guy Gilbert*
P4399. Le Bonheur plus fort que l'oubli. Comment bien vivre
avec Alzheimer, *Colette Roumanoff*
P4400. Mon Amérique. 50 portraits de légendes, *Philippe Labro*
P4401. American Dream. Dictionnaire rock, historique
et politique de l'Amérique, *Guillemette Faure*
P4402. Price, *Steve Tesich*
P4403. En toute franchise, *Richard Ford*
P4404. Les Cantos pisans, *Ezra Pound*
P4405. Dingue de la vie et de toi et de tout, *Neal Cassady*

P4406.	Que la bête s'éveille, *Jonathan Kellerman et Jesse Kellerman*
P4407.	Le Moineau rouge, *Jason Matthews*
P4408.	De si parfaites épouses, *Lori Roy*
P4409.	Au départ d'Atocha, *Ben Lerner*
P4410.	Riz, *Su Tong*
P4411.	Pourquoi partir ? Journal. 2011-2014, *Jacques Chancel*
P4412.	Fleur et Sang, *François Vallejo*
P4413.	Le Cœur du problème, *Christian Oster*
P4414.	Claire, *Louise Bachellerie*
P4415.	Le Sang de la coupe, *Leighton Gage*
P4416.	Corps coupable, *Laura Lippman*
P4417.	À chaque jour suffit son crime, *Stéphane Bourgoin*
P4418.	De l'esprit d'aventure, *Gérard Chaliand, Patrice Franceschi, Jean-Claude Guilbert*
P4419.	Les mots que j'aime. En dix mots comme en cent
P4420.	Ce qu'on entend dans les chansons *Serge Hureau et Olivier Hussenet*
P4421.	LOL est aussi un palindrome. Journal d'une prof au bord de la crise (de rire), *Mathilde Levesque*
P4422.	Les Eaux troubles du mojito, *Philippe Delerm*
P4423.	La Petite Femelle, *Philippe Jaenada*
P4424.	Le Donjon, *Jennifer Egan*
P4425.	Des garçons bien élevés, *Tony Parsons*
P4426.	Carthage, *Joyce Carol Oates*
P4427.	La Femme du voisin, *Gay Talese*
P4428.	Pictologies. 180 histoires en bref *Matteo Civaschi et Gianmarco Miles*
P4429.	Pictologies. 150 films en bref *Matteo Civaschi et Gianmarco Miles*
P4430.	Opération Napoléon, *Arnaldur Indridason*
P4431.	Encore des nouilles. Chroniques culinaires *Pierre Desproges*
P4432.	Chroniques en Thalys, *Alex Vizorek*
P4433.	Le Petit Troquet des brèves de comptoir *Jean-Marie Gourio*
P4434.	Tics et tocs des grands génies, *Mason Currey*
P4435.	L'Encyclopédie des sports oubliés *Edward Brooke-Hitching*
P4436.	Le Jourde & Naulleau, *Pierre Jourde et Éric Naulleau*
P4437.	Le linguiste était presque parfait, *David Carkeet*
P4438.	Mésaventures à Honolulu, *Jack Handey*
P4439.	Le Festin des fauves, *Dominique Maisons*
P4440.	Les Vies multiples d'Amory Clay, *William Boyd*

P4441. L'Amour des Loving, *Gilles Biassette*
P4442. Rien de ce qui est inhumain ne m'est étranger. Manuel de combat spitrituel, *Martin Steffens*
P4443. Avec Dieu au Goulag. Témoignage d'un jésuite interné vingt-trois ans en Sibérie, *Walter J. Ciszek avec Daniel Flaherty*
P4444. Petites chroniques de la vie comme elle va *Étienne Gruillot*
P4445. Et le souvenir que je garde au cœur *Jean-Pierre Darroussin*
P4446. Laissé pour mort à l'Everest, *Beck Weathers, avec Stephen G. Michaud*
P4447. Les Fleuves immobiles, *Stéphane Breton*
P4448. La Fille aux sept noms, *Hyeonseo Lee*
P4449. Marie Curie prend un amant, *Irène Frain*
P4450. Novembres, *Martine Delerm*
P4451. 10 jours dans un asile, *Nellie Bly*
P4452. Dialogues, *Geneviève de Gaulle Anthonioz et Germaine Tillion*
P4453. À l'estomac, *Chuck Palahniuk*
P4454. Les Innocents, *Robert Pobi*
P4455. La Saison des Bijoux, *Éric Holder*
P4456. Les Sables de Mésopotamie, *Fawaz Hussain*
P4457. La Dernière Manche, *Patrice Franceschi*
P4458. Terres amères, *Joyce Carol Oates*
P4459. On marche sur la dette. Vous allez enfin tout comprendre!, *Christophe Alévêque et Vincent Glenn*
P4460. Poésie, *Raymond Carver*
P4461. Épilogue meurtrier, *Petros Markaris*
P4462. «Chérie, je vais à Charlie», *Maryse Wolinski*
P4463. Ça, c'est moi quand j'étais jeune, *Georges Wolinski*
P4464. Vivre sans pourquoi, *Alexandre Jollien*
P4465. Petit Piment, *Alain Mabanckou*
P4466. Histoire de la violence, *Édouard Louis*
P4467. En vrille, *Deon Meyer*
P4468. Le Camp des morts, *Craig Johnson*
P4470. Bowie, l'autre histoire, *Patrick Eudeline*
P4471. Jacques Dutronc, la bio, *Michel Leydier*
P4472. Illska, le mal, *Eiríkur Örn Norðdahl*
P4473. Je me suis tue, *Mathieu Menegaux*
P4474. Le Courage d'avoir peur, *Marie-Dominique Molinié*
P4475. La Souffrance désarmée, *Véronique Dufief*
P4476. Les Justiciers de Glasgow, *Gordon Ferris*
P4477. L'Équation du chat, *Christine Adamo*

P4478.	Le Prêteur sur gages, *Edward Lewis Wallant*
P4479.	Les Petits Vieux d'Helsinki font le mur, *Minna Lindgren*
P4480.	Les Échoués, *Pascal Manoukian*
P4481.	Une forêt d'arbres creux, *Antoine Choplin*
P4482.	Une contrée paisible et froide, *Clayton Lindemuth*
P4483.	Du temps où j'étais mac, *Iceberg Slim*
P4484.	Jean-Louis Trintignant. L'inconformiste, *Vincent Quivy*
P4485.	Le Démon de la vie, *Patrick Grainville*
P4486.	Brunetti entre les lignes, *Donna Leon*
P4487.	Suburra, *Carlo Bonini et Giancarlo de Cataldo*
P4488.	Le Pacte du petit juge, *Mimmo Gangemi*
P4489.	Mort d'un homme heureux, *Giorgio Fontana*
P4490.	Acquanera, *Valentina D'Urbano*
P4491.	Les Humeurs insolubles, *Paolo Giordano*
P4492.	Le Professeur et la Sirène *Giuseppe Tomasi di Lampedusa*
P4493.	Burn out, *Mehdi Meklat et Badroudine Saïd Abdallah*
P4494.	Sable mouvant. Fragments de ma vie, *Henning Mankell*
P4495.	Solomon Gursky, *Mordecai Richler*
P4496.	Les Ragazzi, *Pier Paolo Pasolini*
P4497.	Goya. L'énergie du néant, *Michel del Castillo*
P4498.	Le Sur-vivant, *Reinhold Messner*
P4499.	Paul-Émile Victor. J'ai toujours vécu demain *Daphné Victor et Stéphane Dugast*
P4500.	Zoé à Bercy, *Zoé Shepard*
P4501.	Défaite des maîtres et possesseurs, *Vincent Message*
P4502.	Vaterland, *Anne Weber*
P4503.	Flash boys. Au cœur du trading haute fréquence *Michael Lewis*
P4504.	La Cité perdue de Z, *David Grann*
P4505.	La Dernière Fête, *Gil Scott-Heron*
P4506.	Gainsbourg confidentiel, *Pierre Mikaïloff*
P4507.	Renaud. Paradis perdu, *Erwan L'Éléouet*
P4508.	La douleur porte un costume de plumes, *Max Porter*
P4509.	Le Chant de la Tamassee, *Ron Rash*
P4510.	Je ne veux pas d'une passion, *Diane Brasseur*
P4511.	L'Illusion délirante d'être aimée, *Florence Noiville*
P4512.	L'Encyclopédie du Baraki. De l'art de vivre en jogging en buvant de la bière, *Philippe Genion*
P4513.	Le Roland-Barthes sans peine, *Michel-Antoine Burnier et Patrick Rambaud*
P4514.	Simone, éternelle rebelle, *Sarah Briand*
P4515.	Porcelain, *Moby*
P4516.	Meurtres rituels à Imbaba, *Parker Bilal*